# 芒果树下的天籁

## ——儿童诵读经典实践

许凤英　著

SPM 南方出版传媒
广东科技出版社｜全国优秀出版社
·广　州·

**图书在版编目（CIP）数据**

芒果树下的天籁：儿童诵读经典实践 / 许凤英著. —广州：广东科技出版社，2020.8

ISBN 978-7-5359-7497-6

Ⅰ.①芒… Ⅱ.①许… Ⅲ.①中华文化—教学研究—小学 Ⅳ.①G623.202

中国版本图书馆CIP数据核字（2020）第103004号

**芒果树下的天籁——儿童诵读经典实践**

Mangguoshu Xia de Tianlai—Ertong Songdu Jingdian Shijian

出 版 人：朱文清
责任编辑：刘 耕 张 芳
封面设计：叶桂霞 彭 力
责任校对：李云柯
责任印制：彭海波
出版发行：广东科技出版社
（广州市环市东路水荫路11号 邮政编码：510075）
销售热线：020-37592148 / 37607413
http://www.gdstp.com.cn
E-mail：gdkjcbszhb@nfcb.com.cn
经 销：广东新华发行集团股份有限公司
排 版：创溢文化
印 刷：佛山市剑桥印刷科技有限公司
（佛山市禅城区轻工二路9号一座首层之三 邮政编码：528051）
规 格：787mm × 1 092mm 1/16 印张11.5 字数230千
版 次：2020年8月第1版
2020年8月第1次印刷
定 价：48.00元

# 自序

清代文人张潮的《幽梦影》中有这样一段话：读经宜冬，其神专也；读史宜夏，其时久也；读诸子宜秋，其致别也；读诸集宜春，其机畅也。

古人读书，因时令物候的变化，而产生不同的阅读兴味，这种风雅渊穆的名士风范，令人神往追慕。时代变迁，我们五山小学的孩子们，一年四季不分寒暑地诵读经典，在优秀传统文化的日日滋养下，积淀了宝贵的精神财富，让作为教师的我不胜欣慰，期冀孩子们成为一个个家国天下、风骨伟岸的翩翩君子。

我于2001年担任广州市天河区五山小学校长之初，即开展了具有开拓创新意义的国学经典诵读实验，将国学经典诵读从一项特色活动深化拓展为校本课程，在全国独创“浸习式”国学课程体系（成果获得广东省基础教育教学成果二等奖和广州市教学成果奖一等奖）。实验经验在广东、四川、海南等地一批中小学中得到推广，产生了广泛的影响。

关于儿童诵读经典的意义、价值有很多论述，很多专家学者结合自己的成长经历和人才培养体会，肯定经典诵读的价值，呼吁要及早让儿童诵读经典。国学大师季羡林先生曾说：“儿童经典诵读正在将文化的种子撒播在孩子的心里，撒播在希望的田野上，春华秋实，它的作用在不久的将来必会凸现，为这项工程所做的任何努力，都会使安放我们灵魂的精神家园更加美好。”物理学家杨振宁说：“小孩背经典一点都不困难，好的经典含意深远，像我自己已经80多岁了，对于经典的感受，每10年都不同。在我上小学一年级的时候，父亲教我诵读中国古典著作，如《孟子》《老子》，学习中国历史、古典诗词。到了初中，3万多字的《孟子》已经背

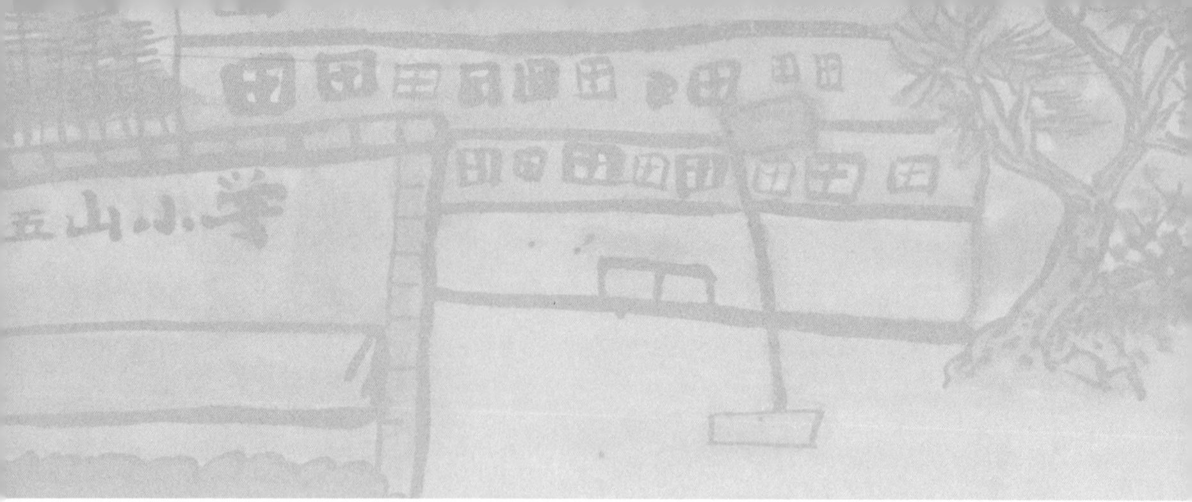


得滚瓜烂熟，还学了好多别的古典著作，受益良多……当我在科学研究处于逆境的时候，总是可以从《孟子》中得到启发。”

作为一个潜心探索少儿国学教育近20年的教师，我认为儿童诵读经典的价值主要体现为以下三点：第一，博大精深的中华优秀传统文化是素质教育的宝贵资源，它对少年儿童品德修养和语文素养的提高具有不可替代的作用；第二，13岁以前的儿童正处于记忆的黄金时期，诵读国学经典的效果最好；第三，少年儿童是祖国的未来，中华民族几千年的灿烂文化需要他们去传承和发展。当看到五山小学因为这项实验而获得跨越式发展，尤其是看到这所学校的学生因为有了国学经典的长期浸习陶冶而发生可喜变化时，我一次又一次地感慨：组织少年儿童诵读经典是最“经济”的教育——投入少，却让儿童受益终身。五山小学的孩子们在小学毕业时，人人可以流利地背诵古文几十篇、唐诗宋词百余首、名言格言几百句，孩子们的举止儒雅，目光高远，思想丰富。

每每看到孩子们的这些变化，我就产生诉说的冲动，这也许就是撰写本书的缘由。写作过程是艰辛的。作为一本实践性著作，书中内容来源于实践，要服务于实践，要给实践者以真实生动的启示，就要有真实的经历、鲜活的实例贯穿始终。但众多例子又不能单调、生硬地摆放，而要以夹叙夹议的方式呈现，让读的人有收获，能切实体会到儿童学习经典的价值，同时读的人也受到经典的熏陶。我研读了很多相关书籍，越读想法越多，写起来自然不能一鼓作气。我一边因担心自己水平有限而产生挫败感，一边又有把实践经验总结出来

的使命感。而每当创作停滞不前时，我就想起几年前到山东淄博参加“第六届中华诵·经典教育论坛”的经历。当时，我受邀在大会上以“小学经典教育课程建设的探索与思考”为题介绍我校开展经典教育的做法与成效。面对壮观的千人大会场，我没有紧张，没有怯场，倒想起了现代京剧《红灯记》里李玉和的那句话：“有了这碗酒垫底，什么都能对付！”我的这碗酒是什么呢？它就是我谈论儿童诵读经典的底气。十几年充满原创性的探索，所形成的一招一式都让我记忆深刻，体会深刻。无论是儿童诵读经典的方法，还是国学教材的研发、整个课程体系的架构，我都能侃侃而谈。就这样，我在自我否定与自我激励中煎熬了5年，终于完成书稿。

本书呈现了我近20年来开展经典诵读实验的思考、方法和成果，其中有论述性的分析解释，有生动活泼的校园故事，也有悲欣交集的师者仁心，凝聚了我的心血和汗水，也融汇了师长、同事、亲友、学生的支持和热忱，希望能给广大教育工作者、家长和学生以启发与借鉴。

本书的出版，要感谢郭齐家教授、曾文婕教授、祝安顺老师、彭建平校长等的指导，感谢何皎皎、付凌亚、兰润花、周婷、关卫平、贺立群、叶桂霞等朋友给予的帮助，感谢读者关雪琪、陈瀛的建议，感谢广东科技出版社的青睐。

感激与温暖同在！

许凤英

2020年7月28日

# 目录

# 引子

# 听芒果树下的天籁

“我曾踏月而来，只因你在山中。”这句话出自席慕蓉的《山月》。“我们循声而至，只因这儿有芒果树下的天籁。”这是一位位专家学者、一批批教育同仁来五山小学参访的心声。

"天籁"出自《庄子》："女闻人籁而未闻地籁，女闻地籁而未闻天籁夫！"天籁，即自然界的声音。"芒果树下的天籁"来自五山小学校园。下面这个故事曾经在内地和港台地区传为美谈，并一度在网上被广泛传播：校园里有三十几棵高大的芒果树。过去，每到芒果成熟的时节，总有学生拾食掉落的芒果，吃后又乱丢果皮，或用石块、竹棍砸果实，既不卫生，又不安全。开展经典诵读后，这种现象不再上演。一天，国学实验顾问郑千一老师来校指导，看到孩子们三五成群地坐在果实累累的芒果树下背诵经典。郑老师笑问他们为什么不打芒果了，孩子们异口同声地回答："志士不饮盗泉之水，廉者不受嗟来之食。况拾遗求利，以污其行乎？"[①] 这至纯至美的儿童诵读声不就是天籁吗？

五山小学以"五山"为名，源于所处地区"五马饮泉"的传说。从高处俯瞰五山地区，其被五座山头（嵩山、茶山、黑山、象岗山、凤凰山）环绕，中间形成盆地山塘，就如五匹骏马在溪边饮水栖憩，被人们喻为"五马饮泉"。校园傍山而立，生态环境好，立体感强，大大小小的花园、书廊与教学楼、运动场错落有致。操场被山坡高高托起，与教学楼走廊连成一体，开阔而敞亮。环绕操场的那一圈芒果树，枝繁叶茂，如撑起的一把把绿色大伞，挡住了骄阳，屏蔽了酷热。

芒果树下是孩子们最爱去的地方，10分钟课间，它是观察大自然的好去处；体育课上，芒果树是天然的遮阳伞；放学了，孩子们在树下捉迷藏、踢毽子、跳绳……即便在冬季，大多数树木都露出了凋零枯败的疲态，芒果树却依然郁郁葱葱，苍翠挺拔。那有着旺盛生命力的芒果树和茁壮成长的孩子们一起成为校园里最美丽的风景。

而最动人的声音是芒果树下的经典诵读声。南国春早，草长莺飞，芒果树上冒出一簇簇淡黄色的碎花，灿烂繁茂，如团团云雾浮动，空气中弥

① 李彦春：《郑千一让孩子与圣贤为友，与经典同行》，《北京青年报》2004年6月21日，B2版。

漫着泼洒似的浓香，引得蝴蝶、蜜蜂翩翩起舞。无邪的童音也在芒果树下日日萦绕，“明日复明日，明日何其多”一、二年级的孩子在摇头晃脑；“大学之道，在明明德”三、四年级的孩子边跑边诵；“吾日三省吾身：为人谋而不忠乎”高年级的孩子更不甘示弱。

春尽夏来，一颗颗绿豆般的芒果长成鸡蛋大小，慢慢变成网球大小，一嘟噜一嘟噜、沉甸甸地挂满枝头。满园果香，鸟雀们不停地飞来飞去，啄食枝头最甜的果实。孩子们在芒果树下嬉戏、吟诵，清脆的童音与啾啾的鸟鸣相互呼应。又一届毕业生饱读了诗书，从小小顽童变成谦谦君子，即将开始新的学习旅程。

园内的天籁也吸引了园外的听众。电视台的摄像头一次次架在芒果树下采撷这美妙的音与像。《文明广州——芒果树下的国学课堂》《国学“小粉丝”张口言孔孟》《书写新时代的文化自信》等报道让我们的故事流传开来。2014年11月21日，由中央电视台、广东广播电视台、《南方日报》社、《广州日报》社等中央、省、市29家媒体近40名记者组成的“探营团”来到五山小学。千名学子在芒果树下“切磋”《礼记・大学》：“如切如磋者，道学也；如琢如磨者，自修也”“富润屋，德润身，心广体胖，故君子必诚其意。”文美声美，气势浩荡。

一年又一年，五山小学日渐发展壮大，有了两个校区，有了更多的孩子。那座简朴的白色教学楼也穿上了新衣，显得典雅而端庄。一座新的大楼在操场后崛起，成了芒果树的精致背景。只有芒果树依然无声，张开她们的双臂，给一届又一届的学生们最温柔的怀抱。我已不记得，在芒果树下倾听过多少遍天籁，这块“阴阴夏木啭黄鹂”“稚子欢寻尺素书”的净土，也是我最愿温柔以待的地方。

“芒果树下的天籁”成为五山小学国学教育案例中最经典的一个。这个故事充满画面感，且富含哲理——儿童诵读经典就是顺应规律，纯洁的心灵，纯真的童音，纯美的经典，自然匹配，自然动听。“儿童诵读声犹如天籁”的评价来自像郑千一老师这样有智慧的故事倾听者。一批批听故事者对故事里的人还有很多美好期待，这让我无比感动。我们常说仁者见仁，智者见智，学校的教育教学活动往往体现着教育者的独具匠心，而智慧的观察者却能从不同视角，做出更动人的解读。正如这本书，写的人用尽真诚，读的人自会有一份真心。

芒果树花开花落，孩子们来来往往，这芒果树下走过的一届又一届学生有着怎样的成长状态呢？假如你也对儿童诵读经典有一份热情，有一丝好奇，就请翻开这本书，去听听芒果树下的天籁……

## 决策篇

# 点亮日月星辰

“学而时习之，不亦说乎？有朋自远方来，不亦乐乎？”孩子们捧着圣贤语录，津津有味地读着。旧的走廊，旧的教室，旧的桌椅，却有了新的声音——此起彼伏的经典诵读声，那样清新洪亮，它让陷入发展低迷状态的五山小学焕发出新的生机与活力。

# 一、困境与选择

## （一）寻找突破口

五山小学现在是有名的国学特色学校，学生和教师都在这里收获着成长与成功的喜悦，为中学输送了一批又一批优秀毕业生。而在2001年，它曾陷入低谷，面临硬件落后、软件水平低等多重困难。

五山小学创办于1989年，地处高等院校、科研院所林立的地域，拥有独特的人文环境和丰富的社区资源。学校附近的华南理工大学、华南农业大学、广东省农业科学院都有附属小学，招收他们的教职工子女，只有少部分教职工的孙辈到五山小学就读。五山小学创办初期的生源很杂，给学校管理带来很大挑战。学校开办12年，已先后换了五任校长。

我于1993年从北京师范大学毕业，经天河区教育局招聘入编，被安排到华阳小学担任语文教师。华阳小学一开办就是天河区的窗口小学，办学条件和师资队伍都很好。我工作的第3年就被破格提拔为副校长，当时《广州日报》有一篇专题报道《天河有群娃娃校长》，我是其中的一员。我在华阳小学担任副校长的6年间，分管过教学和德育，得到了很好的锻炼。校长竞聘成功后，我满怀激情地来到五山小学，但现实状况如一盆冷水把我从头到脚浇了个透心凉：学校的办学质量、办学条件与华阳小学的差距太大了！

五山小学当时属于薄弱学校，教学质量一直排在全区的中下行列；教师普遍思想消极、自卑、精神倦怠，学校开办12年来没有一篇论文发表或获奖；各项竞赛师生基本弃权，学校仅有的几张奖状被随意地塞在一个破柜子里；全校只有两台办公电脑，没有复印机、速印机；所有教室、办公室的门都破旧不堪，还是古老的双扇式插栓木门，全校没有一张像样的会议桌；教学楼没有水，没有洗手间……

面对学校的困窘状况，我缓了缓神，决定通过问卷调查的方式，先了解一下教师、学生、家长的状态。学校的办公条件很落后，我只能用传统的手刻、墨印的方式着手设计并印制问卷。我刻了三张蜡纸：

第一张蜡纸，了解家长的学历、工作情况，对学校的看法、建议；

第二张蜡纸，了解教师的思想和需求，了解学校的昨天、今天；

第三张蜡纸，了解学生对学校、教师的看法和自我期待。

问卷调查的结果出来了，情况并不像看上去的那么糟糕。教师、学生、家长和周边社区并非对学校没有期望。学生淳朴热情，热爱集体，热爱劳动，大部分来自文化基础和经济基础都不错的家庭。部分家长受教育水平较高，来自中国科学院地球化学研究所和中国科学院广州能源研究所、广东省钢铁研究所、广东省地震局等科研院所。家长都比较支持学校的工作，有的家长还主动提出捐钱、捐物来改善办学条件，这显示学校有良好的家校合作潜力。教师队伍比较年轻，但存在明显的职业倦怠、工作被动、缺乏专业发展动力的情况。从老师们的反馈看，绝大部分老师内心是积极上进的，渴望得到关注，对学校发展和自身发展都有思考和憧憬，同时还提出了许多很有价值的建议。看到教师、学生、家长对学校的期待，我有了信心。

我与全体教师对学校进行诊断，一起分析五山小学的优势与不足，寻找突破口。然而当时热门的英语特色、电脑特色、艺术特色等都不适合五山小学，因为学校没有相关的师资、场地、设备等。我们的突破口在哪儿？

此时，适逢郑千一老师来校推广经典诵读实验。我与这位热心国学教育的离休教师谈得很投机，越谈越激动。我决定用中华优秀传统文化这一宝贵的教育资源改变学校的发展状况。一开始受到学校的实际状况打击而被浇下的那盆冷水，现在被我内心涌动的这股热情加热了。

接着，我为经典诵读实验的启动召开了三个会。

第一个会——教师动员会：讲明实验设想与预期成效，每天安排10分钟组织学生诵读名言格言、古诗词，诵读资料是《熟读名言三百句》和选编的诗词。《熟读名言三百句》精选先秦至清代的300句名言，它们基本出自经史子集，是一本高智慧之书。学生毕业时争取积累300句名言、100多首诗词，培养语言感受能力和表达能力，提高品德修养。我当时并没有让所有班级都参加实验的高期望，然而，教师们听完我的介绍后，全都举手申请参加实验。有了全体教师的拥护，我的信心更足了。

第二个会——家长动员会：没有会议室，我们就在操场开。我和实验顾问郑千一老师为了消除家长的顾虑，讲了经典诵读实验的“一要两不会”——一是要引导孩子诵读经典，让孩子在记忆力最强的年龄学到传统文化的精华，将来一生受益；二是不会增加学习负担，学生只是每天在学校诵读10分钟，回家复习巩固，没有作业，没有考试；三是不会增加经济负担，学生不需交任何实验费用，只需购买《熟读名言三百句》。一散会，家长全都拥上前来，围住我们兴奋地问这问那：“有没有儿童诵读经典的案例或参考资料供我们学习？”“我们家长还需要给孩子买哪些经典书籍？怎么辅导孩子？”……

第三个会——家长单位领导会：向几个家长所在的单位汇报学校的发展愿景，诉说学校困难，请求资助设备，解决办公效率低的问题。那些单位很理解学校的需求，为我们添置了复印机、速印机、电脑等设备。

2001年12月3日，我们启动了全校性的经典诵读实验，每天用10分钟的时间由教师组织学生诵读古诗文。就这样，五山小学成为全国第一所师生全员学习国学经典的公办学校。历久弥新的经典在儿童的唇齿间流淌，“物有本末，事有终始，知所先后，则近道矣……”，琅琅诵读声赶走了低迷，明亮了校园，仿佛把日月星辰都点亮了……

媒体闻讯而来。2001年12月24日，《羊城晚报》社和广州电视台第一次踏入五山小学。《小学生每天诵经十分钟——五山小学开启一项全新的教学计划》《孩子诵经，有赞有弹》，标题醒目的报道让我校的这项特色教育活动引起社会的广泛关注。

## （二）多功能宝剑的打磨

我们的诵读实验起步于一个传统文化备受争议的年代。1994年台湾地区王财贵先生在台湾推广儿童读经教育，1996年在大陆推广。进入21世纪后，大陆有不少有识之士提倡国学经典进校园，也有民间机构在实践，由此引来了不同声音。当时，有些专家在学术活动上、媒体上抨击国学经典教育“毒害青少年”，是复古活动，是重拾迂腐愚昧。因此，很多人不敢大张旗鼓地宣传，只是很低调地进行探索，或怀着怕犯错误的忐忑心情做实验，而更多的人在观望。总之，那时社会上明确支持经典教育的声音很少。这样的氛围对于开展实验的我们来说，当然是压抑的，但我们却一步一个脚印地走到了今天，因为作为实验引领者的我和实验教师共同具备了两个品质：一是信念，我们坚信经典是最有价值的书，经典是学生成长的必需品；二是恒心，坚持开展经典诵读实验，不管有多大风浪，不管有多么艰辛，我们始终保持定力，忠实地做儿童诵读经典的激励者与引导者。

一年又一年，我们的经典诵读实验稳步推进。“每天诵读经典10分钟”逐渐成为五山小学的教学常态，孩子们兴趣盎然，教师们各显神通，探索出各种诵读方法。比如，不“孤读”，而采取集体诵读法；不“纯读”，而采取读悟结合法；不“呆读”，而采取比赛读、唱和读、配乐读的方式。读的方法受到欢迎，学生读的兴趣自然浓厚，读的内容越来越多，从名言到诗词再到文言文，学生的储备不断增加，言谈举止逐渐有了变化，教师们体会到了校本课程的魅力，家长们则看到了孩子的成长，看到了学校的发展，主动积极地参与到诵读活动中，正所谓“同声相应，同气相求”。

2001年是新课程改革启动年，教育部印发了《基础教育课程改革纲要（试行）》（以下简称《纲要》），《纲要》指出“改变课程管理过于集中的状况，实行国家、地方、学校三级课程管理，增强课程对地方、学校及学生的适应性”“学校在执行国家课程和地方课程的同时，应视当地社会、经济发展的具体情况，结合本校的传统和优势、学生的兴趣和需要，开发或选用本校的课程”。本校的课程就是校本课程，是为适应学校的具体环境及师生的独特性和差异性而存在的，这些恰恰是国家课程开发所不容易兼顾的。而《纲要》中明确了校本课程在整个课程计划中所占的比重，可以使学校真正拥有选择余地，使学校能够更好地体现办学特色。①

五山小学运用这一利好政策，将原来的国学诵读活动转而定位为校本课程，不断强化课程意识，规范管理。从2003年开始，我们将经典诵读列入课表，保证课时，除了每天有10分钟的短课，每周还有一节40分钟的常规课。长短课并设的方式，保证了学生每周一共有90分钟的经典学习时间。另外，国学课还与其他学科、各种活动融合，形成关联课程。

国学课程的正确定位使我们的探索从零敲碎打逐渐走向规范，课程实施有了时间、师资、内容、途径等方面的保障，课程成效日渐凸显。2013年，广州市教育局鼓励中小学在规范化学校的基础上办出特色，依托特色课程形成独特的办学风格，以学校特色发展促进教育的优质均衡，全市启动特色学校评估认定工作。五山小学经过天河区及广州市教育主管部门组织的初审、答辩、评估，以优异成绩被认定为广州市第一批义务教育阶段特色学校——仁智教育特色学校。

2016年9月12日《中国教育报》以《经典诵读下的学校“变形记”》为题报道我校国学课程对学校发展的推动：

“瞻彼淇澳，菉竹猗猗；有斐君子，如切如磋”，琅琅的诵读声此起彼伏，明亮雅致的广州市天河区五山小学校园内，孩子们捧着古诗古文兴致盎然地读着。而在15年前，五山小学曾陷入发展低谷，教育教学质量不

① 吴刚平：《校本课程开发的定性思考》，《课程·教材·教法》2000年第7期。

尽如人意，师生精神萎靡，对学校没有认同感和归属感。是什么导致学校发生翻天覆地的变化？是国学课堂……

有人感叹，“五山小学十年磨一剑呐！”是的，在上级领导的关怀指导和全体师生的共同努力及社会各界的广泛支持下，五山小学终于磨出了一把“多功能宝剑”！这把剑具有磁铁效应，能够凝聚人心，使全体师生有了高度一致的目标和强烈的归属感；这把剑更像一根杠杆，撬动拉升学校整体办学水平和办学品位，使五山小学从一所普通学校变成散发着蓬勃生机的、特色鲜明的优质学校。古有“剑号巨阙”①，能穿铜釜，绝铁砺；今有“剑号五山”，披荆斩棘，引领师生共筑国学梦，为学校发展支撑起一片广阔的天空。

## 二、新时代，新国学

2000年以来，全国兴起了“国学热”“读经热”，反映了传统文化复兴的趋势。一说起国学，出现在人们脑海中的常常是以“古老”为标签的事物或观念，比如，古老的经典《论语》《道德经》，古老的道德伦理“仁、义、礼、智、信”，古老的传统节日春节、端午节等，而五山小学提倡的是一种“新国学”教育，它符合时代发展需要，把弘扬优秀传统文化和新时期立德树人工作有机结合起来，培养既有传统美德又有现代精神的时代新人。

### （一）什么是国学

在本书中常出现“经典”“经典诵读”“国学”“国学教育”等几个关键词，下面对它们的内涵及其相互之间的关系在这里先作一下解释。

① 巨阙：古代名剑，相传为春秋时期铸剑名师欧冶子所铸，巨阙钝而厚重。阙：通“缺”，意为残缺。但巨阙坚硬无比，故号“天下至尊”，其他宝剑不敢与之争锋。

经典，即经久不衰的传世之作，是经过历史选择出来的最有价值的书，具有典范性和权威性，比如《易经》《老子》《论语》等。

国学，在中国古代，指的是国家设立的学校，与汉代的“太学”相当。到宋代，“国学”实为藏书与讲学之所。真正把“国学”同诸多“外学”相提并论，即作为一个统揽中国学术的概念提出来，则是在西学东渐、我国社会和学术文化处于空前转型的清末民初。① 经过梁启超、张之洞、章太炎等学者的努力坚守，“国学”被定义为“中国固有的或传统的学术文化”，以与“西学”相区别、相对立。如，在商务印书馆出版的《现代汉语词典》中，对“国学”一词的解释就沿用了这样的定义：“旧时称研究我国古代的学问，包括哲学、历史学、考古学、文学、语言学等。”

旧本《辞源》上有解释：“国学者，一国固有之学术也。”“国学”一说，最早见于近代思想家章太炎先生的《国故论衡》。国学大师吴宓认为：“兹所谓国学者，乃指中国学术文化之全体而言。”胡适认为：“中国的一切过去的文化历史，都是我们的国故，研究这一切过去的历史文化的学问就是国故学，省称为国学。”② 所谓国学，也就是“中学”，更具体而言，从狭义上讲，是指数千年以来形成的中华文化典籍，所以“国学”就是由文字记载的中华文化典籍的总称。③

“国学”以学科分，可分为哲学、史学、宗教学、文学、民俗学、考据学、伦理学、版本学等；以传统图书类别分，可分为经、史、子、集四部。具体而言，国学以先秦经典及诸子学说为根基，涵盖两汉经学、魏晋玄学、隋唐佛学、宋明理学，以及汉赋、六朝骈文、唐宋诗词、元曲、明清小说和历代史学等内容。国学从思想体系上以儒、道、释三家为主流，

① 魏承思：《国学演讲录》，上海人民出版社，2015。
② 诸葛文：《让你受益匪浅的极简国学》，中国法制出版社，2017。
③ 黄济：《在中小学如何开展国学教育》，《课程·教材·教法》2015年第2期。

诸子百家兼容并蓄。[1]

现在，学术界和教育界比较通用的说法是，“国学”是指以儒学为主体的中华传统文化与学术，也包括医学、戏剧、书画、星相、术数等。

本书中“国学”与“经典”的内涵是一致的，所以在各篇中有时会被混用，并不影响理解。两个概念的内涵都被我们有意窄化，特指中华优秀传统文化，主要包括古文（以儒道经典为主）、古诗词、传统艺术、传统武术及民俗文化中的精华部分。

书中的“国学教育”与“经典诵读”的内涵也是一致的，即中华优秀传统文化教育，具体内容包括指导小学生诵读古诗文，积累大量的文段篇章，认识古诗文的表达特点，提高语言表达能力；从古诗文中汲取智慧，领悟道理，指导行为，提高品德修养；认识与体验传统艺术和民俗文化；感悟优秀传统文化的灿烂悠久，增强文化自信。我们从课程建设角度提“国学教育”，是参照国家课程中的艺术教育、劳动教育等进行规范表达，也便于对此课程采取更严谨、规范的管理。国学教育作为一门特色课程，有齐全的课程要素，如课程目标、课程内容、课程实施、课程评价等，在“课程篇”中有具体介绍。

### （二）什么是“新国学”

中华优秀传统文化中的很多思想理念和道德规范，不论在过去还是在现在，都有其永不褪色的价值。传承和发展优秀传统文化对提高国人的道德水准、提高个人的文化素养、提高国民的精神生活水平以及建设和谐社会等具有重要的现实意义。国学对治国安邦有重要的借鉴意义，也是哲学、科学、教育等学术研究的宝贵源泉。但由于中国传统文化与现代社会大众认知之间存在着一定的隔阂和脱节，传统国学的现实意义和学术价值没有得到充分彰显。

① 斗南：《国学知识全知道》，北京联合出版公司，2015。

一些专家、学者提出“新国学”概念，比较有代表性的是方克立、钱理群、王富仁、何志鹏的观点。

中国人民大学方克立教授认为，国学研究必须与时俱进，它必须与时代的主题及我们所承担的历史任务相适应，因此，今天的复兴国学、重建国学就是要创建适应中国特色社会主义事业发展需要的新国学，要有三个“态度”：一是分析的态度，就是要分清国学中的精华和糟粕，用马克思主义的分析方法对中国传统学术文化进行系统的清理、批判、重释与重构，弃糟取精，推陈出新，形成真正科学的、传统与现实贯通的人文学术体系，充实中国特色社会主义新文化的内容。二是开放的态度，就是要处理好中外文化的关系，既要树立民族文化主体意识，又要善于学习、吸收世界各民族的优秀文化成果，博采众长，为我所用，使中华文化不断获得新的发展生机。同时新国学也要把经过科学阐释的“天人合一”“和而不同”“己所不欲，勿施于人”等具有普世意义的中国传统智慧贡献给全人类。三是前瞻的态度，就是要正确处理古今关系。国学研究的对象是中国传统的学术文化，是“古学”“旧学”或“国故”，但国学研究的目的并不是要复古，让历史倒退回去，不是抱残守缺，迷恋于故纸堆，而是要立足现实面向未来，为中国当前的现实和未来的发展提供历史智慧和有价值的思想资源。①

北京大学钱理群教授在《我看“新国学”——读王富仁〈“新国学”论纲〉》一文中论述：王富仁提出“新国学”的概念，并不是站在某一个学术流派的立场上，而是立足于“中国学术”的全局发表意见。传统“国学”，始终把目光限制在“中国古代文化”的范围内，而“新国学”却是强调所有“用汉语言文字写成的学术研究成果，都应当包含在我们的学术范围之中”，同时，“中华民族内部的各少数民族成员用汉语和本民族语言对本民族文化或汉语言文化进行的所有研究，理应属于‘国学’的范

① 方克立：《创建适应时代需要的新国学》，《高校理论战线》2008年第8期。

围”。概言之，王富仁是把“国学”理解为“由民族语言和民族国家这两个构成因素构成的学术整体”，因此，他强调，他提出的“新国学”的概念，“不是规定性的，而是构成性的”，这正是“新国学”和传统“国学”的内在的质的区别。传统“国学”是有“先验的规定性”的，它不仅是“在‘中-西’二元对立的学术框架中与‘西学’相对立的一个学术概念”，而且包含着一种先验的价值评价，一种必须“战胜”“取代”以至“吃掉”对方的学术冲动。而这正是“新国学”所要超越的——它要避免绝对对立，希望建立“互动的学术体系”①。

王富仁的“新国学”概念的外延更广，这与国学大师季羡林先生的“大国学”观点一致。季羡林说：“‘国学’就是中国的学问，传统文化就是国学。现在大家对传统文化的理解存在很大的分歧。按我的观点，国学应该属于‘大国学’的范围，不是狭义的国学。既然这样，那么国内各地域文化和56个民族的文化，就都包含在‘国学’的范围之内。地域文化和民族文化有各种不同的表现形式，但又共同构成中国文化这一文化共同体。”②王富仁的“新国学”是与“西学”建立互动的学术体系，这与方克立教授提出的“新国学要有开放的态度，吸收世界各民族的优秀文化成果”的观点也是一致的。

吉林大学何志鹏教授也提出：“现在的国学传播，既不能抱残守缺，也不能全盘西化，而是必须在继承传统的基础上切实关注现代人面临的世界及其所希求解决的现实问题，因而，国学的传播需要在汲取古典中国文化思想精髓的基础上，充分重视近现代的中国道路、中国经验，凝练出具有时代意义和创新色彩的新国学。”③

从以上论述可以看出，“新国学”都强调古为今用、吐故纳新、批判

① 钱理群：《我看“新国学”——读王富仁〈“新国学”论纲〉》，《文艺研究》2007年第3期。

② 季羡林：《季羡林说国学》，中国书店，2007。

③ 何志鹏：《新国学：中华文化的时代表达》，《江西社会科学》2013年第4期。

继承、融汇中西。那么，作为一线教师，如何引导现在的孩子去学习千年以前的文化，彰显传统文化的现实意义，发挥传统文化的育人价值呢？社会主义核心价值观既体现了社会主义的本质要求，继承了中华优秀传统文化，也吸收了世界文明的有益成果，体现了时代精神。所以，五山小学的“新国学”教育把握国家发展与时代进步的脉搏，在社会主义核心价值观的引领下，对国学内容进行反思、拓展与化用，努力在继承与创新、理想与现实、传统与当代之间实现平衡与贯通。在育人的具体工作中，新国学教育的“新”主要体现在以下几方面。

**1. 新国学，唤起文化自觉，增强文化自信。**

现在的儿童大多数可以经常接触高科技智能产品、互联网、动漫文化，却很少有机会接触国学经典，更别谈系统学习国学经典了。新时代的儿童面对的是一个文化多元化的世界，如果不了解自己民族文化的历史、特点，不去学习那些最能体现民族文化精髓的经典，那么他们怎么可能体会到这种文化的灿烂呢？如果没有对本土文化的认同，那么在遇到外域文化的冲击时，他们如何辨析文化优劣而不迷失自己，又怎么有底气和能力去借鉴、吸纳其他国家的文化呢？

国家图书馆名誉馆长周和平认为：现在中国缺乏文化自信，迫切需要培育民族精神，树立文化自信心。这需要教育有所转变，要增强中国传统文化教育。如果一个人从小就接触、学习传统的诗词、歌赋、文献典籍，那他就会对民族文化有着强烈的自豪感和自信心，最终凝聚成民族精神。

五山小学在儿童成长的关键期，开设专门的独立的国学课程，使其与国家课程相辅相成，着眼于儿童的国学素养来整体设计课程内容与实施途径，让儿童一入小学就零距离接触经典，系统学习经典，真切感受经典，深深爱上经典。我校学生生长在新时代，却对古老的经典充满感情，充满兴趣，自然而然会产生文化自觉与文化自信。

我校四年级的学生胡雨桐很喜欢琢磨传统文化。她和爸爸妈妈去泰国旅游，对吃的、玩的并不上心，倒对唐人街感兴趣，专门看店铺外的中文招牌，店铺内的中国陶瓷、春节年货等，还特意与店铺主人交流。她说：“做生意的老板大多是中国人的后代，潮州人居多。他们移居泰国尽管已经有好几代人，但是还讲着潮州话，生活上保留着中华民族的传统习俗。我问爸爸，为什么这些外籍华人定居国外这么多年，却对祖国文化念念不忘呢？爸爸说，中国传统文化是中华民族智慧的结晶，是全世界的华人同胞联系在一起的纽带，他们对我们民族文化的坚守说明我们的文化很有凝聚力，很有吸引力。我想，远在国外的华人都这么重视国学、传承国学，我作为生长在中国的中国人，有什么理由不去深入了解它、熟悉它呢？”

我们的学生读了经典后，关注的事物、思考的问题也不一般。六年级的学生小邓在品德学科试卷上写道：“我们要敬重历史，敬重传统。可是现在走在中国的大街上，迎面扑来的基本都是高楼大厦，极少看到传统的民居。而当你在欧洲国家旅行时，总能看到古色古香的传统建筑，甚至还有中世纪的建筑，他们的传统文化与现代化和谐地融合在一起。我觉得，我们在发展经济、重视科技的同时，不能抛弃传统，不能忘记历史，特别不能忘了老祖宗五千年的经典。‘半部《论语》治天下’，我们要实现中国梦就要用好《论语》这部适合我们自己的治国经典。所以，我建议弘扬中华经典。”

这种对传统文化的认同之感、喜爱之情都发自孩子内心，它伴随着日日诵读而自然生成，也必将伴随孩子一生。

**2. 新国学，以传统美德滋养现代少年儿童品行。**

中华传统美德是中华文化精髓，蕴含着丰富的思想道德资源，涉及社会生活的各个领域，如“位卑未敢忘忧国”“仁者无敌”“民生在勤”“见利思义”“修辞立其诚”等，是每个人立身处世的法宝。当今社会中有些人丢失了这些法宝。例如，现在大多数人的生活已经衣食无忧，但是碰到货车发生侧翻事故，有些人不仅不去帮忙捡拾散落的货品，反而去哄抢，这是典型的“见利忘义”“趁火打劫”，丢失了“助人为乐”“路不拾遗”的传统美德。而我校一年级的学生捡了东西就交给老师，家长夸奖他，孩子说："物虽小，勿私藏。苟私藏，亲心伤。"

中华传统美德为儿童形成健全的人格提供了最优质的教育资源，如，学生读了"孝在于质实，不在于饰貌""夫孝，天之经也，地之义也，民之行也"，就知道如何尊亲敬长。六年级的学生俞昊玥说："中国汉字'孝'写得真好啊！上是'老'的一部分，下是'子'。小辈孝顺长辈理所当然，人生于天地间，应遵守孝道，孝是对待父母的准则之一。我觉得连'孝'都做不到的人根本算不上是个成功的人。真正有孝心的人不仅在礼节上做足，也在内心对长辈充满真诚的爱，这才算得上真正的'孝子'。我的外公每天接送我上学、放学，我从来不认为这是理所当然的，总是发自内心地感谢外公，对外公嘘寒问暖，经常帮外公做力所能及的事。"再如，学习《论语》时，让学生理解关于"君子"的句子，"君子一言，驷马难追""君子成人之美""君子欲讷于言而敏于行"，引导学生做"诚信"的君子、"友善"的君子、"谨慎"的君子。

**3. 新国学，赋予传统伦理道德新的内涵。**

我们倡导批判继承、古为今用，不是简单地把不符合时代要求的内容删除，而是引导学生学会认识与判断，学会赋予经典文本新的解释。以"忠""孝"为例，封建时代的"忠"是忠君，是"君要臣死，臣不得不死"；而现在是指忠于祖国、忠于人民、忠于家庭、忠于诺言等。封建时代的 "孝"的内涵包括"不孝有三，无后为大"，甚至"父叫子亡，子不得不亡"，而我们现在讲"孝"，是强调珍重生命、完善自我、感恩父母及敬养双亲。再比如，孔子所讲的"孝"中有"父母在，不远游，游必有方"。"不远游"今天已经做不到，但"游必有方"还是可行的。子女远去，应当有明确的方向或目标，要同父母多联系，这是子女应该做到的。这样引导，学生就能感受到传统美德的内涵是与时俱进的。

新时代的我们该如何对待经典文本中的"糟粕"？这一问题曾在教育界引发广泛的关注和议论。山东省教育厅2010年12月28日下发通知，要求规范传统文化课程教学，各地中小学在开展经典诵读时不可不加选择地全文推荐《弟子规》《三字经》等内容，要“取其精华，去其糟粕”，这一决策引发了争议。[①]“删糟派”认为，传统文化中的糟粕会毒害青少年，像《弟子规》中的“亲有疾，药先尝”会误导孩子，居然要孩子尝大人的药，这些内容要删减。“引导派”认为，传统文化即使内含糟粕也完全可以通过教师的正确导向，渗入现代价值观，了解比简单删减好，“向导”比“剪刀”更重要。[②]数百名学者、教育工作者联署的《关于在中小学专门设立中华经典课程的呼吁书》也强调：“我们同样不赞成随意改动经典，如果每代人都来改动一些，不用几代人时间，所谓的经典也就不复存在了，这是以革新的名义消灭经典，其实很难说今人的修改就一定比古人高明。历史进程中自然会涌现出新的经典，但世界各大民族中没有一个能够通过删改古代经典而成功创造出自己的新经典。”[③]

那么，我们这些“实践派”是如何对待这种争议的呢？让我们听听我校二年级学生小康的解读。小康的妈妈生病卧床不起，拿钱给小康，让她自己买饭吃。小康买了药给妈妈。妈妈问为什么这样做，孩子说：“亲有疾，药先尝；昼夜侍，不离床。妈妈生病了，我当然应该先给你买药把病治好，我随便吃点东西充饥就可以了。”[④]三年级的学生许可在谈到如何践行“亲有疾，药先尝”这句话时也说：“我读后理解为‘亲有疾，药先看’，我要帮妈妈看看是什么药、有没有过期、怎么吃。”这两则事例真实地佐证了我们的立场：应当让学生学会认识与判断，渗入正确的价值理念，学生完全有能力加以变通，“删糟派”大可不必以“刻板思维”担忧学生照搬照做，更不能“以一眚掩大德”，否定传统文化的育人价值。

---

① 徐玉芹：《山东禁止全文推荐〈三字经〉引争议》，《山东商报》2010年12月31日。

② 曾国华：《传统文化经典的“整容”之辩》，《中小学管理》2011年第2期。

③ 余敦康等，《关于在中小学专门设立中华经典课程的呼吁书》，《儒家邮报》2014年4月20日，https://www.rujiazg.com/article/3972. 访问日期：2020年4月13日。

④ 何宁：《国学里蕴含了太多做人哲理，启蒙教育对于塑造品质极为重要》，《新快报》2014年10月21日A12版。

北京师范大学黄济教授也倡导与时俱进地发展传统文化，但要抛却无谓的争论。他说：“国学经典是历史的产物，其中的精华具有普适性；它既然是历史的产物，有的就难免具有历史的局限性。至圣先师孔夫子留给我们极为丰富的宝贵历史遗产，但也不能要求他的每一句话都是普遍真理，如他所讲的‘唯女子与小人难养也，近之则不逊，远之则怨’。在当时的历史条件下，或在特殊的背景下，这样讲是无可厚非的，但不能适用于今日，置之可也，又何必为这个问题去争论呢？”①

另外，以“仁、义、礼、智、信”为核心的中国传统价值观，并不排斥自由、平等、公正等具有普世意义的价值观。对于中国传统文化中的等级观念，教师要引导学生以批判的眼光看待“分尊卑，辨贵贱”的封建等级思想，让他们明白新时代人人平等、各行各业平等。教师也要带头践行平等理念，尊重学生，建立平等和谐的师生关系，引导学生从小就树立平等意识。有了这些系统的教育，学生们就能理解平等，学会尊重，懂得与人平等相处，尊重身边每一个人。②

**4. 新国学，以儿童喜欢的方式走近儿童。**

要让生活在新时代的儿童走进具有千年历史的古代文本中，我们应该客观而理性地看到它的距离和难度，并想办法缩短距离、化难为易。五山小学的国学团队十几年来一直开展让国学走进孩子生活的实践研究，通过多次实践，形成很多行之有效的措施，为学生搭建了各种“学习支架”，将传统文化与现实生活相连接、相融合，让儿童感受到国学经典以不同形态出现在学校、家庭、社会的各个方面。

比如，儿童读背经典时，教师把孩子们平时喜欢玩的游戏引进课堂，使其读得兴致勃勃。“开火车”读背是学生最喜欢的形式，有“单轨火车”和“双轨火车”。所谓“单轨火车”，就是一竖列学生为一列火车，

---

① 黄济：《在中小学如何开展国学教育》，《课程·教材·教法》2015年第2期。

② 许凤英：《探索新国学教育　用经典浸润现代少年》，《中小学管理》2016年第8期。

学生一个接一个地读背；所谓“双轨火车”，就是同桌两人一起接龙读背。这种读背方式能让全班学生的注意力高度集中，沉浸在听、记、读、背的学习氛围中，既强化了记忆，又使学生养成上课集中注意力、认真倾听的好习惯，还促进了小组的团结合作。①“听记”游戏则是充分利用儿童的听记潜能，播放经典的音频资料，儿童不需看书本，以自己感觉舒适的姿态坐着，手上或涂鸦或折纸，耳朵则听别人读背经典，反复听几遍就能记住大部分内容。

新国学教育非常重视儿童的亲身体验，以“有趣的民俗”“手上的国学”“古代的游戏”等为主题开展综合实践活动，让儿童在真实体验中感受传统文化的丰富性和趣味性。比如，在每年9月28日纪念孔子诞辰的庆典活动结束后，让学生玩投壶、九连环、孔明锁等游戏；“各地春节元宵汇”活动让整个校园成为儿童全方位体验民俗的大课堂，孩子们制作春节和元宵节的海报，以快板、诗歌朗诵、猜灯谜的形式介绍各地春节和元宵节的特点，并与家长一起做元宵、尝元宵、卖元宵；而在“手上的国学”活动中，则根据四季变化开展传统手工艺品制作活动，让儿童通过制作灯笼、风筝、剪纸、年画、马勺画等来体悟传统文化的多姿多彩。

新国学教育也很及时地将社会上的积极文化活动引入课堂。比如，央视的《中国诗词大会》引起很多孩子的关注，我校国学老师也组织学生开展诗词擂台赛，在国学课堂玩“飞花令”，成全了很多“小诗迷”的愿望。

在国学对学校全学科课程的渗透和其与各种活动的融合方面，我们也做了很多有意义的探索，本书的“课程篇”和“德育篇”均有具体介绍。

① 熊萍芬：《在琅琅书声中悦读经典》，《广东教学报》2014年3月7日。

# 三、国学教育现状

## （一）国学教育的开展情况

伴随着“国学热”的兴起，国学教育也逐渐成为社会关注的热点。近20年来，全国各地开展国学教育的渠道越来越多，范围越来越广，层次越来越高，表现为从民间小范围的读经班、读经机构，到公立学校大范围的普及；学段也从幼儿园、小学逐渐覆盖到中学、大学；从民间团体的自发推动，到专家、学者的呼吁与研究；从学校自主研发校本教材、研究机构精编教材，到国家修订语文教材，增加古文、诗词篇目；从国内推广发展到海外传播等。从这些变化可以看出国学教育的普及度越来越高，水平也在逐渐提升。

### 1. 民间团体、公益组织的推动。

在国学教育方兴未艾之时，民间团体与公益组织曾自发着手推动，为国学在少年儿童群体中的普及作出了重要贡献。较具影响力的事件主要有以下几则：

（1）1998年，中国青少年发展基金会积极推动“中华古诗文经典诵读工程”，倡导组织孩子每天用15～20分钟的时间来诵读中华古诗文经典，让中华文化在新一代中国人中传承；同时，成立“中华古诗文经典诵读工程”全国组织委员会，组委会向全国青少年提出“读千古美文，做少年君子”的口号。当时，中国青少年发展基金会计划用10年时间，直接组织300万～500万孩子参加诵读活动，使受到辐射影响的人数超过1亿。

（2）2002年，华夏文化纽带工程组委会在山东曲阜举办首届孔子国际文化节，并举行首届华人中华文化经典诵读友谊赛，盛况空前。每年一届的全球中华文化经典诵读大会分别在北京、南京等地举办，吸引了全国各地（包括台湾地区和香港特区）的几十个单位参加，有力地推动了经典文化诵读工程，加强了全国各地经典诵读经验的交流。

（3）北京四海儿童经典导读教育中心于2002年成立，是以推广全球儿童诵读古今中外文化经典为主要活动，以此带动儿童德智体美劳全面发展、争当21世纪国际化创新人才的一个儿童素质教育机构。该中心联合中国孔子基金会、中国国家图书馆、中国教育科学研究院、北京因陀罗网网络技术研究所、人民文学出版社等机构，开展经典导读的科学研究，教材和其他相关图书、音像资料等的编辑、编译、制作、出版，全球宽带网远程经典教育，以及经典导读实验和推广工作。2002年，该中心推出了由人民文学出版社出版的《儿童中国文化导读》。

（4）2011年1月7日，由中国少先队事业发展中心主办的“红领巾国学传承教育系列活动启动暨东方少年国学院成立”仪式在北京举行。“红领巾国学传承教育系列活动”以国学教育为主线，以“东方少年国学院”为载体，在中小学开展各类少年儿童喜闻乐见的少先队文化活动，激发少年儿童的学习兴趣，帮助少年儿童加深对中国优秀传统文化的了解。当日，主办单位为全国首批“红领巾国学传承教育基地暨东方少年国学院”授牌。① 主办单位将五山小学研发的《少儿国学读本》作为此活动的推荐读物，并组织开展面向少先队辅导员的传统文化知识培训，努力提高少先队辅导员等少先队工作者对开展国学教育工作的认识和把握能力。

2. 专家学者及专业机构的呼吁与研究。

在促使人们关注国学教育方面，专家学者及专业机构的呼吁和研究同样功不可没。

1995年3月，在全国政协八届三次会议上，赵朴初、叶至善、冰心、曹禺、启功、张志公、夏衍、陈荒煤、吴冷西等9位德高望重的全国政协委员以第016号正式提案的形式，发出《建立幼年古典学校的紧急呼吁》

① 新华社：《红领巾国学传承教育系列活动在京启动》，2011年1月7日，http://www.gov.cn/jrzg/2011-01/07/content_1780081.htm. 访问日期：2020年4月20日。

（以下简称《紧急呼吁》）。《紧急呼吁》以焦急迫切的文字，为我们敲响了传统文化正处于存亡续绝关键时刻的警钟。中国文化经典是我们的文化之根、民族之魂，是中华民族精神的体现。在经济全球化、政治多极化、生存数字化、文化多元化浪潮汹涌袭来的当今世界，如果我们不坚持弘扬和培育民族精神，不号召青少年儿童诵读中国传统的文化经典，那么我们就很难自立于世界民族之林，就有成为文化上的流浪民族的危险。

近年来，各地教育行政部门和学者们逐渐认识到应该将国学教育纳入国民教育体系中。中国人民大学孔子研究院研究员王达三提出国学教育既应纳入大学教育，也应纳入中小学教育；国学教育既是一种终身教育，也是一种阶梯教育。儿童诵读经典，有利于在其心中植下中国文化的种子。一个孩子，如果不在中小学时期读点经典、打点基础，到了大学再学国学，多半会将文言文和繁体字视为“天书”，即使勉强学点，也是为了应付考试和取得学位，很难深入和持续。因此，在中小学开设国学课程，让学生学习甚至是记诵些诸如“四书”之类书籍的内容，应是国学教育的基础和重点之所在。[①] 中华书局、人民教育出版社等著名出版机构也先后组织编写了小学国学教材。曾有人大代表建议把国学教育纳入国民义务教育体系，使之通过立法进入中小学课堂，落实于学校教育教学中。

中国教育学会传统文化教育分会于2014年5月成立，主要工作内容是开展传统文化教育学术理论研讨和交流活动，研究开发传统教育课程教材，组织编写传统文化教育理论研究书刊，总结和普及中小学传统文化教育教学实践的新成果。该分会已连续举办6次年会，每年均聚焦一个传统文化教育领域的重点问题，进行理论和实践方面的深度研讨，具有一定的影响力。2019年12月14日，中国教育学会传统文化教育分会2019年学术年会暨《中小学传统文化教育指导标准》发布会在北京召开。《中小学传

① 王达三：《应重建传统国学教育体系》，《社会科学报》2020年2月13日，http://www.shekebao.com.cn/shekebao/2012skb/xs/userobject1ai2638.html. 访问日期：2020年4月10日。

统文化教育指导标准》是国内传统文化教育领域首部专业标准，为已经或将要开设中华传统文化地方课程、校本课程的地区和学校，厘清中华传统文化的课程属性，明确目标，规范内容，指导实践。

中华书局旗下的经典教育推广中心（北京阳光润智文化传播有限责任公司）是中华书局为了承续先辈大力弘扬中华传统文化之夙愿，于2009年4月成立的专业的中华经典教育推广机构。该中心主要围绕经典教育出版、面授教育和远程教育开展业务，秉持“让中华经典进学校、进课堂、进教材”的追求，深入课堂，广寻名师，问道校长，参学同行，探索中华传统文化与当代教育教学的结合模式，致力于实现传统文化与传统经典的课程化、体验化、常识化。多年来，该中心出版中小学经典教育教材几十种，已成功举办“中华诵·经典教育论坛”15届，培训中华优秀传统文化教育骨干教师近万人。

育灵童教育研究院是专门从事儿童国学经典教育教材与课程研发的专业机构。2004年该院联合北京师范大学共同推出《儿童经典诵读——中西文化经典套装》；2010年，推出小学国学经典教育系列教材、教参、电子备课系统并开展师资培训，教材深受一线教师好评。该院还每年举办“小学国学经典课程规划暨教学观摩活动”，邀请名家、特级教师为全国小学国学骨干教师执教示范课，具有广泛的影响力。

在课题研究方面，在国内影响比较广泛的是教育部“十二五”规划课题“传统文化与中小学生人格培养研究”，主持人是原国家督学郑增仪。该课题着眼于打造传统文化在学前教育、基础教育、高等教育、成人教育和海外汉文化教育等多个领域的学科教育体系和标准化课程体系，历经10年的深入研究，填补了我国传统文化学科教学资源的空白，并出版了《中国传统文化教育全国中小学实验教材》，涵盖义务教育阶段一年级至九年级。课题研究的重点是将中华优秀传统文化与少年儿童人格培养相结合，融合中西方教育理论和方法，培养少年儿童友善、谦让、诚信、忍耐、忠孝等良好人格，提高他们的文化品质和精神境界，创立具有中国特色的当代中小学人格教育理论体系，重塑民族道德体系，提升国家文化软实力，并保障国家文化安全。

广东省教育学会国学教育专业委员会、广东省国学教育促进会均是以开展国学教育的研究、教学、交流与推广等为主要业务的专业性、非营利性的社会组织，为促进广东省中小学及幼儿园国学教育的发展、促进教育教学改革、弘扬中华优秀传统文化，作出了积极贡献。

3. 小学开展国学教育情况。

当前，全国有上百所中小学参与了教育部“十二五”规划课题“传统文化与中小学生人格培养研究”，实验学校积极探索国学教育。比如，北京市通州区中小学开展国学启蒙教育实验，使用课题组研发的教材《弟子规》《千字文》《中国古典诗词欣赏》《论语》等，根据一年级至八年级学生的特点选择相应学习内容，并采用诵读、赏读、背诵等形式。低年级（一、二年级）重在良好行为习惯的养成，三、四年级重在传统文化的积淀，高年级（五、六年级）和初中重在认识社会能力的提高。江西上饶县教育局2009年出台《关于印发上饶县小学国学经典诵读活动实施方案的通知》（饶县教字〔2009〕18号），2009年秋季在全县小学开设国学课程，学习《弟子规》，2010年全县小学各年级安排不同的国学内容，低年级学习《弟子规》《三字经》《千字文》，三、四年级学习《声律启蒙》《千家诗》，高年级学习《论语》《孟子》，让师生在诵读国学经典活动中，健全人格、涵养性情、提高修养。济南市天桥区教育局以行政推动的方式实现传统文化的硬着陆，要求区内所有学校开设传统文化教育课程、开展课题研究、举办相关活动。四川省成都市红牌楼小学的国学课程很丰富，有诵读诗文、茶艺、根雕、川剧，还建了红孩子篆刻工作坊，举办太极文化节。深圳南头城小学的经典学习有基础性课程、拓展性课程、自选性课程、综合性课程等。

我校所在的广州市天河区于2012年出台《天河区中华文化经典教育工程实施意见》，成为广州市首个将经典教育在幼儿园和中小学全面推行的行政区域，实现了广州市乃至全国经典教育的4个“第一”：第一个将国家语言文字工作委员会（以下简称“国家语委”）推广的经典诵读工程上升为经典教育工程；第一个将经典教育工程纳入中小学教育课程体系，并配备了专门的教师队伍和经费；第一个将经典教育作为区域性教育特色推广实施；第一个以行政区域为单位开展经典教育的全员培训。天河区的经典教育体现了“尊重现代教育理念，发展全人格教育和素质教育，意在培养孩子们健全的人格”的宗旨。该区还承办了教育部“十二五”规划课题“传统文化与中小学生人格培养研究”的开题大会和结题总结大会，推动了全区经典教育的研究与实践。

**4. 开展国学教育的先行者与优秀基础教育实践工作者。**

中国台湾王财贵先生是全球读经教育首倡者，1994年开始致力推广读经理念。20年来，他在中国大陆、中国台湾、东南亚、美国、欧洲等地开展公益演讲千余场，指导创办了“汉堡致谦学堂”、多个欧洲读经班，掀起全球华人读经风潮。其提倡的教学理念、教学方法简单易行，“小朋友，跟我念”的口号，广为流传；其编著的《儿童读经教育说明手册》成为最受经典教育实践者欢迎的参考书目。①

南怀墐先生创办的ICI国际文教基金会从1998年起，将在海外及中国香港收效较好的“儿童中西文化导读”的活动推广到中国内地，3年后，100多万少年儿童参加诵读经典的教育。半个世纪以来，从中国大陆到中国台湾，从美国到中国香港，南怀瑾先生一直在为修复中国文化断层奔走、呼号。1997年6月，天平儿童基础教育中心的主持人陈鸿远律师开办了“经典文学诵读乐园”课程，招收一年级到四年级的小学生，诵读《论语》《大学》、唐诗、《三字经》等中国古代经典，而且活动逐渐向香港特区其他教育机构推广。

在经典教育领域影响力比较大的优秀基础教育实践工作者是陈琴和王

① 王财贵：《读经二十年》，中华书局，2014。

崧舟这两位特级教师。

陈琴老师是“素读”经典课程创始人、古诗词吟诵专家，在中华书局出版《经典即人生：文字是修正灵魂的良药》一书，主编《中华经典素读范本》12册、《中华经典美文诵读系列》、中国第一套吟诵教材《我爱吟诵》（小学初·中·高级三卷）。她率先把经典“素读”的理念引入当下的小学语文课堂，创设了能被移植的经典“素读”课程，在新加坡及中国各地讲课、报告百余场，被多地教育局、多所学校聘为课程指导教师。她的学生经6年的经典“素读”训练，能将《三字经》《千字文》《声律启蒙》《老子》等经典名篇全都背得滚瓜烂熟；在吟诵法的熏陶下，能熟背400多首古诗词，个个都能达到“背诵十万字，读破百部书，写下千万言”的教学目标。

陈琴老师的徒弟姚霞晖老师，也是华南师范大学附属小学的语文教师，跟随陈琴老师研习多年，在经典教学上卓有建树，她带领的国学经典研究团队创建了以“经典吟诵法”和“三步五径法”为核心的国学经典课堂教学模式，该成果获得国家教学成果奖二等奖。“三步五径法”即是通过引导学生循序渐进地进行课前自学、课堂研讨、课后巩固等活动，完成“知诗人，解诗题”“读诗文，正诗音”“释诗意，明诗境”“想诗画，诵诗情”“拓诗篇，悟诗魂”5个环节的诗歌学习任务，从而达到吃透诗歌内涵、提升学生国学素养的教学目标。

王崧舟老师堪称当今中国小学语文界标志性人物，开创了“诗意语文”教学流派。他于2001年到杭州拱宸桥小学任校长，一做就是15年。拱宸桥小学从2003年开始推行国学教学实践，学生每天早中晚诵读经典。2011年，拱宸桥小学开设的国内首个儿童国学馆——明仁书院，是学生的校园图书馆，也是国学课堂，更成为学校每届一年级新生入泮仪式的主会场。全校学生每日吟诵国学经典，晨读、午诵、暮省，涵养了中华美德，提高了文化素养，也引发了社会各界的热议，受到广泛好评。

## （二）国学教育的政策支持

中国共产党从成立之日起，就既是中华优秀传统文化的忠实传承者和弘扬者，又是中国先进文化的积极倡导者和发展者。党的十八大以来，习近平总书记多次论述中华优秀传统文化的思想内涵、道德精髓、现代价值和传承理念，形成了系统的传统文化观。在优秀传统文化的价值定位上，习近平强调“优秀传统文化是一个国家、一个民族传承和发展的根本，如果丢掉了，就割断了精神命脉”，指出“中华优秀传统文化是中华民族的精神命脉”；要“深入挖掘中华优秀传统文化蕴含的思想观念、人文精神、道德规范，结合时代要求继承创新，让中华文化展现出永久魅力和时代风采”。[①]

国家越来越重视中华优秀传统文化教育，先后出台了多份相关文件。

2007年，教育部、国家语委、中央精神文明建设指导委员会办公室（以下简称“中央文明办”）联合主办了“中华诵·经典诵读行动”活动，开展经典诵读大赛、规范汉字书写大赛、市场创作大赛、传统文化晚会等。根据《教育部、国家语言文字工作委员会关于在学校开展“中华诵·经典诵读行动”试点工作的通知》（教语用函〔2010〕6号）要求，共有15个省（区、市）和11所教育部直属高校开展“中华诵·经典诵读行动”试点工作，切实将“加强中华民族优秀文化传统教育和革命传统教育”的战略主题贯彻到教育教学的各个方面，将诵读行动打造成加强青少年爱国主义教育、增强民族历史文化传承、构建中华民族共有精神家园的重要载体和平台。

中央电视台推出了《中国汉字听写大会》《中国成语大会》《中国诗词大会》等大型文化益智节目，在全国掀起学习传统文化的热潮。中国教育电视台于2019年创建《国学传承人》栏目，该栏目是国内首档青少年国

① 习近平：《习近平谈治国理政》，外文出版社，2014。

学素养教育传承栏目，让青少年在学习典故、演绎典故的过程中传承和弘扬优秀传统文化。

2014年3月，教育部印发的《完善中华优秀传统文化教育指导纲要》指出："加强中华优秀传统文化教育，是培育和践行社会主义核心价值观、落实立德树人根本任务的重要基础，对于引导青少年学生增强民族文化自信和价值观自信、自觉践行社会主义核心价值观具有重要作用。"

2017年1月，中共中央办公厅、国务院办公厅印发了《关于实施中华优秀传统文化传承发展工程的意见》，要求各地区、各部门结合实际认真贯彻落实，指出"文化是民族的血脉，是人民的精神家园。文化自信是更基本、更深层、更持久的力量。中华文化独一无二的理念、智慧、气度、神韵，增添了中国人民和中华民族内心深处的自信和自豪。"

2018年9月25日，教育部、国家语委印发的《中华经典诵读工程实施方案》要求"通过开展经典诵读、书写、讲解等文化实践活动，挖掘与诠释中华经典文化的内涵及现实意义，引领社会大众特别是广大青少年更好地熟悉诗词歌赋、亲近中华经典，更加广泛深入地领悟中华思想理念、传承中华传统美德、弘扬中华人文精神。"

国家层面关于传统文化进校园的相关政策为学校开展国学教育提供了重要依据和实施指导。

### （三）国学教育的困境

读经现象持续了20多年，在不断"加热"的同时，也出现了一系列问题。中华书局经典教育推广中心的祝安顺老师从研究者和推广者的角度概括了读经现象的三个特征：一是"读经热"，从"下"往"上"热，海内外共热，大众普遍认可，文化学者积极参与，读点经典成了共识；二是"读经乱"，形式多样，分歧巨大，途径迥异，成效难测；三是"读经难"，中华优秀传统文化教育与学校教育的有效融合成为发展的核心难题，教师和学生对于传统文化普遍存在较强的距离感、强烈的畏惧感，认识模糊、无所适从、缺乏自信。[①]

其中，“读经乱”的“形式多样”是指社会上出现了很多读经机构。绝大多数机构没有办学资质，以盈利为目的，商业气息盖过了书香气。有些家长把孩子送去“私塾”“书院”“读经班”等无办学资质的国学培训机构而不使其接受正规的义务教育。这些乱象引起国家高度关注，教育部于2019年3月26日发布的《关于做好2019年普通中小学招生入学工作的通知》明确提出，要严查社会培训机构以“国学班”“读经班”“私塾”等形式替代义务教育的非法办学行为。教育部2019年4月1日印发的《禁止妨碍义务教育实施的若干规定》更明确规定：“不得以‘国学’为名，传授‘三从四德’、占卜、风水、算命等封建糟粕。”

作为一名公办小学教师，我关注得更多的是公办学校开展国学教育遇到的困扰。这些年，五山小学接待了几千名慕名而来的参访教师，交流时大家问得最多的问题，其实也是当前很多学校面临的困惑，比如，拿什么时间来学习？国学内容怎么选、怎么学？读背与理解的关系怎么处理？谁来教？教师怎么培训？学校层面如何管理、评价？

这些问题就是上面所说的“读经难”的具体表现。如何解决这些问题？五山小学把国学教育作为校本课程，在三级课程管理的基本模式下探索了十几年，不但形成了科学完善的“浸习式”国学课程体系，而且使国学课程与国家课程相得益彰，为学生发展提供了更高品质的课程资源。

① 祝安顺：《中华优秀传统文化教育教学的历史、现状、实践与探索》，中华书局经典教育推广中心，2014。

课程篇

# “浸习式”国学课程体系

“目濡耳染，不学以能”，这种学习方式有润物细无声的效果。五山小学从2001年就开始组织全校师生诵读国学经典，学校从科学的视角探索少年儿童国学教育的规律，在学习时间的安排、学习方法和内容的选择及课堂模式的构建上，始终依据小学生年龄特征进行研判，科学决策，形成独具特色的“浸习式”国学课程体系。

# 一、“浸习式”课程理念

10多年来，我们通过各种交流，发现开展国学教育的学校存在的困惑，主要表现在目标、内容、学习方法、评价上。在目标上，有的学校学习目标模糊，有的学校重视记忆积累而忽视感悟涵泳。在内容上，存在国学读本众多但适合小学生系统学习的并不多的问题。在学习方法上，存在教师缺乏有效指导及学习时间安排、学习组织形式设计等不符合儿童年龄特征的问题。比如，有的学校学习时间过少，学生每隔一周才接触一下国学内容，进而产生距离感、陌生感，或者是学校虽安排了学习时间，但教师在思想上不认可，以应付的态度对待，学生“三天打鱼，两天晒网”地学习，自然不能保证学习效果；有的学校孤立地开展经典诵读，未能与其他课程或活动有机结合，学生学得生硬而零碎；有的学校没有形成有效的教学模式，课堂教学低效、乏味。在评价上，存在没有建立评价体系或评价方法不科学、不健全，缺乏正确导向与激励等问题。

这些问题也曾困扰过我们，五山小学“浸习式”国学课程体系便是针对这些问题进行研究后取得的成果。“浸习式”国学课程体系包括“浸习式”课程理念、涵养型的课程目标、精粹化的课程内容、全方位的课程实施和促学性的课程评价。

“浸习”理念源于著名哲学家、教育家涂又光先生提出的“泡菜理论”。该理论认为环境好比泡菜汤，影响和决定了浸泡在其中的学生的精神面貌和行为风格。[①] 这里的环境包括校园文化、学校课程、各种活动、师生关系等。我们的“浸习”理念强调的是大氛围、长时间、全方位的熏习影响，它体现了独特的价值观、学生观、课程观和方法论。

① 涂又光，刘献君，刘亚敏，等：《我们需要什么样的教学》，《高等教育研究》2004年第3期。

### （一）“浸习”体现的价值观

“浸习”从字面上理解就是“通过濡染，从而习得”，用在国学课程中就是“在古诗文经典的濡染下，习得国学知识，培养相关能力和习惯”。

为什么要让孩子从小就在经典中“浸习”？因为从儿童的终身发展来看，诵读经典越早越好、越多越好，闪耀着智慧光芒的经典常常与儿童相伴相随，比那些低俗读物、泛滥的广告词对儿童的影响要好千百倍。“经典一部，胜杂书万本”，要让儿童把好记忆、好时光用在最有意义的储备上。这种储备也许暂时沉睡在儿童身心，但将来一定会成为他们厚积薄发的能量。真正的学术大家的成长都离不开童年打下的国学功底。中国古典文学研究专家叶嘉莹3岁开始识字背诗，6岁开始跟随家庭教师诵读《论语》，“四书”是她的开蒙读物，儿时的古典诗文储备让她成就卓著。如今，90多岁的她依然气质优雅，文采斐然，成为众人敬仰的“中国最美先生”。

为什么要用“浸习”方式学习经典？第一，大家都知道环境对人的影响，尤其是对心灵单纯、正在成长的儿童的影响很大，“孟母三迁”的故事家喻户晓，孟子的成长成贤离不开懂得环境育人的好母亲。“浸习”特别体现了对学习环境的重视，假如社会没有学习经典的氛围，我们就创设氛围，让儿童在学校到处可以看到、听到经典，回家与家长谈论经典，让社区也慢慢被带动起来宣传经典。第二，因为孩子们现在读的都是白话文，对古文古诗有距离感，得用“日日浸泡”的方式才能消除距离感，增强亲切感。这种方式有润物细无声的功效，不强制，不高压，无负担，慢慢地就习得了，正如韩愈所说“目濡耳染，不学以能”。

这种方式符合循序渐进的育人原则。当前教育受人才选拔机制的影响，存在应试倾向、功利倾向，出现“考什么就教什么、学什么”“哪种学习方式能快速提高考试分数就选哪种”“只要分数不管其他”等偏离育人规律的一系列乱象。而“浸习”着眼于儿童的未来，不提倡速成，不追求光鲜的奖励，这种理念与方式不能不说是当下“功利思想”“快餐文化”大氛围中的“一股清新的空气”。

### （二）“浸习”体现的学生观

“浸习”体现的学生观，就是强调开展经典诵读时要遵循儿童身心发展规律。

1. 用好“童子功”。

儿童记忆力明显优于成年人，师生同时背诵一部经典，老师们可能用几十个月的时间也背诵不了儿童几十天背诵的量。为什么大部分成年人都觉得文言文难读难懂？因为我们这些成年人自小不曾接触经典，缺失从小浸濡经典的“童子功”，所以，为了不让下一代将来有“难懂”之叹，理应让儿童及早读经。依据发展心理学的原理，人的记忆力与理解力各有其成熟之时机，而且是相辅相成的。儿童的心智特点是直觉准确、善于记忆，而不善于思辨、理解，故此时应让他多记诵有深度的文化素材，酝酿日久，待其理解力自然成熟时，即可触类旁通。

2. 内容安排有梯度。

低年段儿童学习行文有规律的三字一句、四字一句的韵文，中、高年段学习有长短句的古文。

3. 发挥主体作用。

教师要引导学生养成每天读背经典的习惯，主动积极地投入到诵读活动中。教师要不失时机地适当运用奖励或通过各种形式的展示、交流，让学生及时了解自己的诵读进程、成绩，调动学生诵读的自信和兴趣。

4. 尊重诵读差异。

教师要尊重儿童不同的记诵方法并提出不同的学习目标。比如，有的儿童喜欢出声记诵；有的儿童习惯默记；有的儿童看起来不读不记，并不代表他不在学习，他可能是通过别人的声音来记忆。读背容量的要求不可一刀切，鼓励学有余力的学生多读多背。另外，学生往往会在某个阶段出现进展慢或反复出错、遗忘得快等现象，这些都是学习过程中的正常现象，不可轻易指责批评，以免打击孩子的积极性。

### （三）“浸习”体现的课程观

中国教育学会2019年12月发布的《中小学传统文化教育指导标准》指出：“中小学传统文化课程是一种特殊的课程形态，它包括独立设置的课程，以及在其他学科课程及课外、校外教育活动中一系列渗透、融入的内容，可以表述为‘1+*X*’模式。”[①]

我校的“浸习式”国学课程一直以这样的设计思路定位，其中的“1”课程是长短课并设形式，即每天10分钟的短课和每周1节的长课，“*X*”课程指把国学内容融入各个学科教学中，与学校各项活动相结合。我们将国学课程纳入全校课程体系，进行长远规划，规范管理，并从目标、内容、实施、评价、师资等方面体现“浸习”这一理念。比如，课程目标是多维的，包含知识、能力、情感、行动等方面；内容是系统的，精选儒道经典和古典诗词，且按年段特点分层安排。

“浸习”思想在课程实施上要体现“全方位”“长久性”。中共中央办公厅、国务院办公厅印发的《关于实施中华优秀传统文化传承发展工程的意见》指出：“把中华优秀传统文化全方位融入思想道德教育、文化知识教育、艺术体育教育、社会实践教育各环节，构建中华文化课程体系和教材体系。”所谓“全方位”，就是要做好国学内容的学科渗透和活动融合。活动融合是指五山小学定期举办的“与经典同行，让书香伴我成长”读书节、“经典浸润心灵，艺术燃亮生命”人文艺术节、“武当功夫与阳光体锻”体育节等大型活动，巧妙地融入国学元素，丰富活动内涵，也为师生提供展示国学素养的舞台。“长久性”就是强调国学课程不同于学校阶段性的活动或临时任务，而是着眼于学生的长远发展和学校的可持续

---

① 中国教育学会：《中小学传统文化教育指导标准》，北京师范大学出版社，2019。

发展进行科学规划，连续地、长久地实施，并通过课程评价不断调整与完善。

### （四）“浸习”体现的方法论

我们凝练而形象地把“浸习”的方法论概括为“三论”，即“泡菜论”“煲汤论”和“存钱论”（图1）。

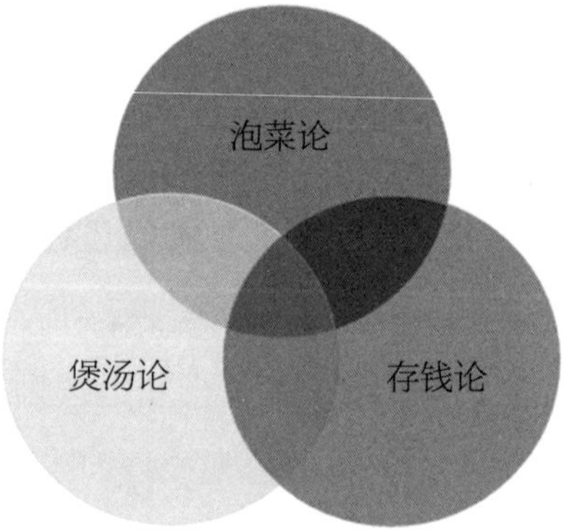


**图1 “浸习式”国学课程的“三论”**

#### 1. “泡菜论”。

重视营造国学经典学习的大氛围，让学生时时处处零距离接触国学经典。大氛围指校园环境和集体诵读氛围。五山小学的书画廊、经典墙、国学馆等处处可见诸子百家、唐诗宋词、秦砖汉瓦的介绍；班级利用黑板报、橱窗等介绍国学、国艺、国术；红领巾广播站的《与经典同行》栏目，赏析经典诗词、分享经典学习体会等。这些使得学生在不知不觉中亲近国学经典，涵养气质和品性。

集体诵读是让国学课堂一直充满活力的秘诀。儿童的专注力和兴趣点不稳定，个人读背久了，会有倦怠感，而集体诵读可以营造一个“书声琅琅”的氛围，全体学生会自然而然地融入这一氛围中，有利于长期坚持。美国心理学家哈里斯提出的“群体社会化发展理论”认为，儿童社会化的学习过程可以模仿父母来发展，同时也可以从其他许多方面（包括同伴）

来学习，群体的同化现象使得同伴群体而非家庭完成了社会文化的传递，直接促进了儿童在群体中的社会化。[①] 在此意义上，浓厚的集体诵读氛围的营造，会影响、推动班级全体成员积极主动地学习，儿童在集体中诵读的兴趣与热情及坚持的时间远远超过个人诵读。

2. “煲汤论”。

强调学习经典犹如文火煲汤，不能急功近利，不能贪多求快，不能增加学习负担，而需慢慢阅读、理解和感悟。孔子说：“欲速则不达，见小利则大事不成。”这句话告诉我们做事不要一味求快，不要贪图小利。一味求快反而达不到目的，贪图小利就做不成大事。正如中国台湾作家薛仁明所说，儿童读经是扎根的工作，既不花哨，也不可能速成，须得像古人一般，天天读之，日日诵之；这样的功课，正如习武之人天天站桩、戏曲演员日日吊嗓。[②] 我校每个年级的诵读内容都可以用整个学年的时间完成，教师可以根据学生掌握的情况随时调整进度，学校的考查评价要求也只是托底的规定，避免给学生增加负担。

3. “存钱论”。

关注学生每天一点一滴的积累，将点滴积累比作“存钱”，每天“存钱”，存到一定量时就可以“零存整取”，为将来的厚积薄发奠定基础，正所谓“积土成山，风雨兴焉；积水成渊，蛟龙生焉”。在学习时间的安排上，我们采取“长短课并设”的形式。短课每天有，达到天天读记、天天巩固，不易遗忘，也不易疲劳的目的。德国心理学家艾宾浩斯的遗忘曲线告诉我们，人在学习材料后，隔20分钟重新学习时，记得58.2%，1小时后记得44.2%，1天之后，只记得33.7%，6天后，只剩下25.4%在脑海中。[③] 与遗忘进行斗争的首要办法就是组织有效的复习。国学经典在儿童的现实

① 陈会昌，叶子：《群体社会化发展理论述评》，《教育理论与实践》1997年第4期。

② 王财贵：《读经二十年》，中华书局，2014。

③ 彭聃龄：《普通心理学》，北京师范大学出版社，1988。

生活中不常见，如果不有意识地及时复习巩固，会很容易遗忘。很多实验证明，分散复习比集中复习的效果好，我们安排学生每天上10分钟的短课就是一种有效的分散复习。长课每周1节，其教学模式有别于短课，不只是各种形式的读背，还有着完整的“三环七步”国学课堂教学模式，这在下文有详细论述。

“三论”形象而准确地概括了五山小学经典教育的特点，并成为这项工程得以长期顺利推进的保障。

## 二、涵养型的课程目标

### （一）四维目标

2013年1月，广东电视台记者到学校采访。记者围绕人们普遍关注的问题对我进行访谈，提出与艺术、体育、科技等项目比起来，国学经典的学习似乎实用性不强。学生读了6年经典，也不一定能参加什么竞赛或拿什么奖励，小升初既不能加分也不能做特长生，国学教育似乎没有给学生带来什么真正“实惠”。那么，国学教育到底能给现在的孩子带来什么？

国学教育给孩子的可不是“小恩小惠”，它是终身发展的源头活水。胡适小时候在私塾读了四书五经等儒家经典著作，奠定了他一生做学问的根基。王财贵先生说：胡适没有学过白话文，鲁迅、老舍从小不读白话文，钱锺书、沈从文根本没有上过小学，但是他们都是白话文大师。而且他们不仅能作白话文，还能读经史子集。这是为什么呢？很简单，因为他们从小背诵了许多有用之书，这成为他们一辈子取之不尽、用之不竭的智慧源泉。当他们还很小的时候，私塾老师就在他们生命中埋藏了一个宝藏，将来想要取多少，都可以拿出来。[①]

① 王财贵：《读经二十年》，中华书局，2014。

国学经典涉及文学、历史、地理、天文、数学、常识、艺术等知识，不但能开阔学生视野，扩大知识面，积累丰富的语言素材，提高语言表达能力，而且能让学生感悟经典中的深刻内涵，受到正确价值观的引导。比如，《三字经》用三言韵语写成，朗朗上口，易读易记。其中，包括各类知识和典故，渗透着深邃的思想，还涵盖了人生修养、伦理纲常、人物故事等，无所不备，阐发了为学、为人多方面的要求，最后以鼓励儿童勤勉好学作总结，是一本儿童小百科全书。再如，名言格言基本都是几字成句，高度凝练，内涵深刻，学生爱读爱背名言，并将名言当作自己的座右铭，指导自己立身处世。

我校六年级学生梁智诚在回答“国学经典对你产生了什么影响”时，写道：我最喜欢“操千曲而后晓声，观千剑而后识器”这句话。我学弹吉他，吉他入门并不难，但要弹好很不容易。当练习总不见长进时，我都想放弃了，学了这句话后，才明白原来自己练的次数远远不够，要练千次、万次才能够练出水平。所以，我就一直坚持练下去，慢慢地，才发觉了弹吉他的乐趣。我想，我站在舞台上的那一天，就是真正懂得吉他灵魂的时候。

徐睿徽和父母旅游时，看到岳阳楼，想起范仲淹，记起《岳阳楼记》，写下了《我和国学的特殊相遇》：在六年的小学生涯中，我和国学结下了不解之缘，平时只读背国学，而寒暑假游览祖国的名胜古迹时，我和国学以另一种方式相遇。今年寒假，我们一家来到慕名已久的岳阳楼。因为我已经熟背《岳阳楼记》，来到岳阳楼前，站在走廊上，面向长江，“衔远山，吞长江，浩浩汤汤，横无际涯……”立刻萦绕在耳边，而那千古名句“先天下之忧而忧，后天下之乐而乐”则让我心潮澎湃，无比敬仰范仲淹的“胸怀天下”。走近岳阳楼，沿着楼梯拾级而上，每层楼的墙壁上都写满了各朝各代文人墨客留下的诗词歌赋。我还买了一本由清朝书法家张照书写的《岳阳楼记》，里面大部分是繁体字，虽然我没学过繁体字，但由于我会背这篇文章，连猜带蒙，居然也能磕磕绊绊地读下来，还认识了好几个繁体字。我在岳阳楼呆了很久都不想走，爸爸妈妈都没想到我会这么感兴趣，说我仿佛在寻觅《岳阳楼记》中的场景，又仿佛在体会范仲淹的心情。我觉得这真是一场文化之旅。

学生读了经典，能从名家话语中得到指引，作出正确的选择；看名胜古迹不是走马观花，而是探寻文人墨客的思想、情感，培养自己的情怀。这种为孩子生命增添亮色的影响有着那些参赛获奖或表演加分等难以企及的价值。

我校的国学课程着眼于学生的核心素养，从知识、能力、情意和行动4个维度确立目标，重在培养学生的文学素养、良好的品德与行为习惯及高尚的道德情操。

1. 知识目标。

学习蒙学读本“三百千弟”，即《三字经》《百家姓》《千字文》《弟子规》，以及《声律启蒙》《大学》《论语》《道德经》、小古文、古典诗词等，积累、凝练优美的语言，储备丰富的国学知识；到小学毕业时，古诗文背诵量达到两万字以上。

2. 能力目标。

能将经典名句名段恰当地运用于学习和生活中，提高语言文字的驾驭能力；接受传统文化的熏陶，掌握记诵、感悟、涵泳、鉴读等传统文化的学习方法。

3. 情意目标。

了解中华优秀传统文化的基本特点，对国学经典有熟悉感、亲切感、认同感，在古诗文学习中感受圣贤的智慧、大师的情怀，增强爱国情感和文化自信。

4. 行动目标。

用国学经典中蕴含的道理指导自己的言行，践行中华传统美德，促进身心和谐发展，形成健全的人格。

知识与能力目标在不同年段有不同的具体目标，体现不同年段特征，而情意和行动目标是所有年段的共同目标（表1）。①

表1 国学课程不同年段在“知识”“能力”方面的具体目标

| 年段 | “知识”“能力”方面的具体目标 |
|---|---|
| 小学低年段 | ①背诵爱国、好学、敦亲主题的40句名言，了解大意<br>②背诵友情、勤学、景趣、修身主题的20首古诗，了解诗意<br>③熟读《三字经》《弟子规》《百家姓》《千字文》全文，背诵《弟子规》《千字文》全文，《三字经》部分章节<br>④熟读《叶公好龙》《郑人买履》等10篇小古文，了解大意，背诵其中6篇，积累各篇中的成语及名句<br>⑤欣赏书法、国画作品，在水墨游戏中体验书法、国画的主要特点；认识京剧脸谱；学习中华武术（武当基本拳） |
| 小学中年段 | ①背诵诚信、自强、勤俭主题的40句名言，理解意思，尝试引用<br>②背诵爱国、志向、节操、景趣、思乡主题的40首古诗词，理解诗意，给自己喜欢的古诗配画<br>③熟读《大学》《声律启蒙》《论语》（1~5篇），背诵部分篇章，了解句意、段意<br>④熟读《陋室铭》《兰亭集序》等10篇小古文，理解文意，背诵其中6篇，积累各篇中的成语及名句<br>⑤欣赏书法、国画作品，了解隶书、楷书的主要特点，学写毛笔字，学画水墨风景画；认识对联、民族乐器；学习中华武术（太极扇） |
| 小学高年段 | ①背诵明志、奉公、审势、荣辱主题的40句名言，理解意思并灵活运用<br>②背诵爱国、勤学、思乡、友情、志向主题的40首古诗词，尝试写诗，了解诗与词的区别<br>③熟读《论语》（6~10篇）、《道德经》，背诵部分篇章，理解大意，并能运用到学习生活中<br>④熟读《嗟来之食》《岳阳楼记》等10篇小古文，理解文章大意，背诵其中6篇，积累各篇中的成语及名句<br>⑤欣赏书法、国画作品，了解行书、草书的主要特点，学写毛笔字，学画水墨人物画；认识中国象棋和围棋，学习基本走法；学习中华武术（八段锦） |

## （二）诵读与思维

大量地反复地读背经典还能促进学生的思维发展。中国科学院院士杨

① 许凤英，曾瑜：《“浸习式”小学国学课程的构建与实践研究成果报告》，内部资料，2015。

叔子说："从医学上讲，人的大脑有140亿个神经元，每个神经元可以有数千个'突触'。这些'突触'同学习、记忆、思维等有关。童年记忆的知识、养成的习惯、培育的感情，反映在大脑中与之相应的'突触'可不断生长、加强，以至于嵌入大脑额叶，形成永恒和谐的联结、永不消失的记忆。对经典不断重复学习、重复记忆，极有利于强化大脑中相应的'突触'，有助于神经系统的发展。"①

我们都知道语言与思维的关系密切，经典诗文积累多的人，文化底蕴就厚实了。这样的人往往善于引经据典，思维流畅、灵活、有广度。我们常说的"读书破万卷，下笔如有神"就是这个道理，满腹诗书自然会思如泉涌。

古诗文中启发思维、富含哲理的文段也很多，孟子的"尽信《书》，则不如无《书》"，庄子的"一尺之棰，日取其半，万世不竭"，老子的"善者不辩，辩者不善"等内容，充满了思辨性，引人深思。我校四年级学生鄢宇骅读了庄子的《庖丁解牛》，悟到数学解题的规律："我读《庖丁解牛》，读到'始臣之解牛之时，所见无非牛者。三年之后，未尝见全牛也。方今之时，臣以神遇而不以目视，官知止而神欲行。依乎天理，批大郤，导大窾，因其固然'这段话时，很受启发。庖丁了解牛身体结构和各部分骨骼经络特点，再用锋利刀刃顺着牛的骨骼、经络游走，能轻松快速解牛。原来'游刃有余'是这么来的。我觉得学习也是此理，遇到不明白的问题时，最初觉得很难，经过反复思考、尝试，分析和掌握了内部规律以及各方面相互的关联后再解答问题时，就能做到游刃有余。比如，解答数学题，我觉得数学是有其自身规律的，解答复杂的数学题就需要先分析数理关系，把大问题分解为多个小问题，然后各个击破，最后就可以解决大问题。"

① 杨叔子：《力施诗教于未冠——让中华诗词大步走入中小学校园与幼儿园》，《中华诗词》2000年第6期。

我讲解《道德经》第81章，在说到“信言不美，美言不信”时，学生质疑：“信言”真的都不美吗？“美言”都不能信吗？课堂上学生的质疑就是非常好的思维碰撞机会。我让学生先正面举例说明“信言不美”“美言不信”，学生想到了《皇帝的新装》，皇帝因为爱听阿谀奉承的“美言”而导致自己丑态百出；再反面举例说明“信言”也可以“美”，“美言”也可以“信”。我给学生讲了《触龙说赵太后》的故事，肯定了学生的质疑，“忠言”也可以说得婉转而不“逆耳”，“信言”不一定都不“美”。由此，我进一步引导学生，老子所说的“信言不美，美言不信”不是绝对的，老子是想告诉人们不要听不进去出于真心的不悦耳的劝告，不要被花言巧语蒙蔽，同时也借此启发人们在劝说他人接受正确的意见的时候，要讲究方法与策略。

不同体裁的经典作品具有不同的思维训练点。学习对仗工整的诗词、韵文会促进学生多向思考。比如，学生学了《笠翁对韵》后，学写对子。老师问，“公”对什么，学生的答案是多样的，“公对母”“公对私”“公对婆”等都可以，如果要押“i”韵，则只能选“私”。这实际是培养学生比较、判断、遣词造句的能力，也是思维的训练。

另外，我们在理解经典内涵时，营造开放、民主的学习氛围，鼓励学生发表独立见解，也是拓展学生思路的训练。李淑君老师谈执教《〈论语〉中的安贫乐道》的体会：我和四年级的孩子一起学习《论语》第1至第5章已有1年，到了五年级，我们继续学习《论语》第6至第10章。我的课堂教学比较注重文本和生活的连接，注重学生联系实际谈个人感受，即使遇到比较深奥的句子，在自由开放的发言氛围中，孩子们也能各抒己见，争论不休。记得在执教《〈论语〉中的安贫乐道》时，为了和小学五年级的孩子讨论志存高远这个话题，我用一系列图片引着孩子们一起走进颜回居住的陋巷、孔子所提的九夷之地、诸葛庐、子云亭，一起去看韶山毛主席的故居，发现这些有着远大理想和信念的人，他们生活的地方都有“陋室不陋”“九夷不荒”的特点，这是因为他们内心有着美好的追求。我让学生谈谈自己走过的名胜古迹，看过的那些人格伟岸、闪耀史册的人物，孩子们眼中闪光，谈这些人物的抱负，谈那些“有龙之水、有仙之山”孕育的人才。而那个去到我的故乡衡山白云乡做“大学生村官”的哈佛大学毕业生覃飞的事迹，激起了他们在课堂上的假设辩论：如果是我，是否会愿意去“九夷之地”，是否愿意用这样的方式来实现人生的价值？我先让孩子们分组讨论，再选出代表汇报。孩子们情绪高涨，有想在“九夷之地”种特产、办教育的，有想把“九夷之地”变成旅游之地、养生之谷的，各组的发言又激起了其他人新的设想，开放的思维碰撞出火花，古老的“安贫乐道”思想点燃了孩子们的志气与豪情。

## 三、精粹化的课程内容

### （一）选择国学内容

传统文化的经典文本浩如烟海，四书五经、诗词歌赋……令人难以选择。哪些必须读？从哪里开始读？读多少？怎么读？……这些问题都值得一一探讨。

五山小学实验开始阶段是从学习先贤格言名句起步的，教材是上海辞书出版社出版的《熟读名言三百句》，精选经史子集中的经典名句，学生一周就能积累几十句。语感越来越好后，孩子们诵读的胃口也大了，教师们的手脚也放开了，于是，学习内容增加了蒙学与“四书”。由于当时还没有系统的国学教材，学生所用课本比较零散，每个学生至少要准备三四本书（《熟读名言三百句》《三字经》《弟子规》《大学》《论语》等），师生、家长都渴望有一套能整合古文、名言、诗词的教材。

2006年，我带领经典导读小组着手研发教材。经历了多年的国学教育实践，我们对少年儿童适合诵读哪些国学内容，适合先学什么、后学什么，内容如何呈现，是否配注释，是否配拼音等问题，已经有了较清晰的认识。于是，在北京师范大学郭齐家教授、华南师范大学陈汉才教授等专家的指导下，我们结合新课程标准的相关要求，编写校本教材《少儿国学读本》。2007年7月，《少儿国学读本》由暨南大学出版社出版发行，是全国首套系统性、成系列的少儿国学读本。读本发行时，《羊城晚报》做了报道。

《少儿国学读本》全套6册，每个年级1册。每册包含名言、诗词、古文（儒道经典和小古文）、国学小天地等4个板块（表2）。6册中的100首诗词和120句名言格言按照“爱国、好学、敦亲、明志、诚信、勤俭、景趣、友情、荣辱”等主题编写，不仅便于学生联想记忆，也使明理导行的思想主题更加突出。38篇古文包含《大学》《道德经》等8部长篇古文和《陋室铭》《庖丁解牛》等30篇小古文。“国学小天地”中除了书法、国画学习是每个年级的固定栏目外，一年级至六年级还分别介绍了京剧脸谱、武术、对联、民族乐器、灯谜、中国象棋、围棋等知识。

**表2 《少儿国学读本》内容架构**

| 内容 | 一年级 | 二年级 | 三年级 | 四年级 | 五年级 | 六年级 |
|---|---|---|---|---|---|---|
| 名言 | 爱国篇<br>好学篇<br>敦亲篇<br>（20句） | 爱国篇<br>好学篇<br>敦亲篇<br>（20句） | 诚信篇<br>自强篇<br>勤俭篇<br>（20句） | 诚信篇<br>自强篇<br>勤俭篇<br>（20句） | 明志篇<br>奉公篇<br>审势篇<br>（20句） | 明志篇<br>奉公篇<br>荣辱篇<br>（20句） |
| 诗词 | 勤学篇<br>景趣篇<br>友情篇<br>（10首） | 景趣篇<br>友情篇<br>修身篇<br>（10首） | 思乡篇<br>爱国篇<br>景趣篇<br>志向篇<br>（20首） | 景趣篇<br>节俗篇<br>节操篇<br>志向篇<br>（20首） | 爱国篇<br>思乡篇<br>勤学篇<br>友情篇<br>志向篇<br>（20首） | 景趣篇<br>思乡篇<br>爱国篇<br>思亲篇<br>（20首） |
| 儒道经典 | 《弟子规》<br>《三字经》 | 《百家姓》<br>《千字文》 | 《大学》<br>《声律启蒙》<br>（一东至四支） | 《论语》<br>（1至5章） | 《论语》<br>（6至10章） | 《道德经》 |

（续表）

| 内容 | 一年级 | 二年级 | 三年级 | 四年级 | 五年级 | 六年级 |
| --- | --- | --- | --- | --- | --- | --- |
| 小古文 | 《夸父逐日》<br>《望梅止渴》<br>《叶公好龙》<br>《刻舟求剑》<br>《亡铁》 | 《道旁苦李》<br>《陈涉世家》（节选）<br>《郑人买履》<br>《智子疑邻》<br>《狐假虎威》 | 《买椟还珠》<br>《女娲补天》<br>《陋室铭》<br>《爱莲说》<br>《诗大序》 | 《自相矛盾》<br>《马说》<br>《兰亭集序》（节选）<br>《庖丁解牛》（节选）<br>《湖心亭看雪》 | 《小石潭记》<br>《嗟来之食》<br>《对楚王问》（节选）<br>《曹刿论战》（节选）<br>《鱼我所欲也》（节选） | 《师说》（节选）<br>《出师表》（节选）<br>《劝学》（节选）<br>《五柳先生传》<br>《岳阳楼记》 |
| 国学小天地 | 书法、国画、京剧脸谱 | 书法、国画、武术 | 书法、国画、对联 | 书法、国画、民族乐器 | 书法、国画、灯谜 | 书法、国画、中国象棋、围棋 |

### （二）独具特色的《少儿国学读本》

《少儿国学读本》甫一问世，便受到广泛好评，此套读本有三个突出的特点：

1. 突出课程内容的专题性。

此套读本所编选的内容按照“名言、诗词、古文、国学小天地”等4个专题板块编排，每一专题下再按主题进行分类。如“名言”专题板块按照爱国、好学、明志等主题分类，“诗词”专题板块按勤学、友情、节操等主题分类。同时，采用图文并茂的形式，借学生创作的书画作品展现诗文主题，既有助于学生更好地理解文意，又因文字美与意境美相结合而增添了诗文的艺术感与亲切感。

2. 体现课程内容的系统性。

此套读本遵循由低年级到高年级、由易到难的原则，连贯性地设计课程内容，收录了自先秦以来中国古代文化史籍中的经典之作，以古文古诗名篇为主，涵盖儒、道、墨、法等诸子百家之说，以及名人名作、书法、国画等内容，呈现出选材经典、广泛，体例科学、系统的特点。此套读本还配有《〈少儿国学读本〉教学指导用书》，为教师和家长提供了有效的教学指引。

### 3. 注重课程内容的层次性。

小学低中高三个年段的课程内容选择具有一定的层次性。一、二年级学生思想单纯，可塑性极强，养成教育正逢其时，因此学习内容包括《三字经》《弟子规》《千字文》《百家姓》等有关行为规范、史地常识的蒙学名篇，关于敦亲、爱国、好学等主题的诗词、格言，以及《夸父逐日》《刻舟求剑》等短小有趣的小古文。三、四年级孩子的自我意识开始加强，懂得做人要讲信用，要勤俭节约，还要有自强不息的精神，因此学习内容包括《大学》《论语》等论述世情事理的古文，关于诚信、自强、勤俭等主题的诗词、格言，以及《陋室铭》《爱莲说》等小古文。五、六年级的学生有一定的是非观念和价值观，但在为人处世方面还需要引导，引导他们自我修身，增强荣辱意识、思辨意识，因此学习内容包括《论语》《道德经》，关于明志、荣辱、奉公等主题的诗词、格言，以及《劝学》《岳阳楼记》等小古文。

《少儿国学读本》出版后，其他版本的国学教材相继出版发行。2010年7月，北京师范大学出版社出版《国学》教材，共12册，供小学6个年级12个学期使用，内容涵盖传统蒙学的内容、“四书”、老庄、《历代美文选》。[①] 2011年8月，人民教育出版社出版《中国传统文化教育全国中小学实验教材》，教材在选取《弟子规》《声律启蒙》《论语》《孙子兵法》《道德经》等12册核心经典古文的同时，还兼顾民俗文化和传统艺术教育，共15本，涵盖一年级至九年级。2012年9月，中华书局出版《中华经典素读范本》12册，这是中华书局经典教育推广中心根据陈琴老师倡导的“中华经典素读教学法”而编撰的一套供小学一年级至六年级学生使用的读本。2013年8月，中华书局编印的《中华文化基础教材》，则包括小学、初中、高中各年级分册。

《少儿国学读本》与其他版本的国学读物相比，最明显的区别是尽量

① 育灵童教育研究院：《国学》，北京师范大学出版社，2010。

做到“全文选入”，儒道经典部分除了《论语》《声律启蒙》为节选外，《三字经》《弟子规》《百家姓》《千字文》《大学》《道德经》都是全篇完整选入，保留整体感，避免碎片化，使学生在学习时能通过联系上下文来感知内容大意，也能体悟这些经典的布局谋篇，增强学习效果。我的老师郭齐家教授说，“全文选入”便于读者整体感知，还可以满足学生在不同年龄阶段的阅读需求，因为经典值得一辈子研读。同时，丛书的编者皆来自教学一线，所谓实践出真知，他们把10多年国学教育实践的智慧结晶都浓缩在这套书里。丛书中充满原创亮点，如穿插儿童配画、学生感悟与创作、互动园地；简短易读的名言编排在教材的最前面，可以降低学习难度；在参考权威版本的基础上，结合小学生的阅读理解能力，对古文部分字词的注释和语句的翻译进行了润饰，力求通俗易懂。

《少儿国学读本》作为广东省“十一五”规划课题“构建国学校本课程，促进学校整体效能提升的实践研究”代表性成果，获得广东省基础教育教学成果奖二等奖和广州市教学成果奖一等奖。2011年，中国少年先锋队全国工作委员会（以下简称“全国少工委”）、中国少先队事业发展中心将此套读本选定为“红领巾国学传承教育系列活动指定用书”，并指导全面修订，改为双色版本，面向全国发行。全国少工委副主任李文革评价：“由暨南大学出版社出版的《少儿国学读本》是广州天河区五山小学开展国学教育多年来所取得的实践成果，他们充分结合小学生的年龄特点，通过组织学生诵读名言格言、经典诗文，学习书法、绘画等，普遍提高了学生的品德修养，陶冶了学生的情操；在利用中华民族优秀传统文化开展学生品德教育方面取得了很好的效果，值得全国少先队借鉴。”自2012年起，《少儿国学读本》已连续多年被列入广东教育书店有限公司“春季秋季义务教育配套教学用书征订目录”。2012年，《少儿国学读本》被列入《天河区中华文化经典教育工程实施意见》（穗天教办〔2012〕1号）的推荐书目。2017年此套读本参加广东省教育研究院主办的首届特色课程与特色教材评选活动，获得广东省特色教材一等奖。目前有广东、四川、海南等地几万名小学生使用《少儿国学读本》，已销售20多万册。

## 四、全方位的课程实施

全方位的课程实施体现在我们既有专门的国学课，也有国学课程与其他学科、活动相融合的关联课。

### （一）“三环七步”国学经典课堂教学模式

在我们的观念中，很多学科都有成熟的教学模式，国学课采用什么模式呢？

国学经典与现代白话文相比虽然显得深奥，但国学经典遣词造句非常讲究，或对仗工整，或注重押韵，或重章叠句，因此很容易读出韵味。学生诵读一段时间古文后，就会获得良好的语感，不管是什么样的古文，读几遍后就朗朗上口了。因此，国学课堂上读的比重很大，各种形式的读背占了整节课三分之二的时间。我们通过课例解析、理论学习，甄别出国学课有别于其他学科教学的特点，创建了以语言积累为主、理解导行为辅的“三环七步”国学经典课堂教学模式（图2）。

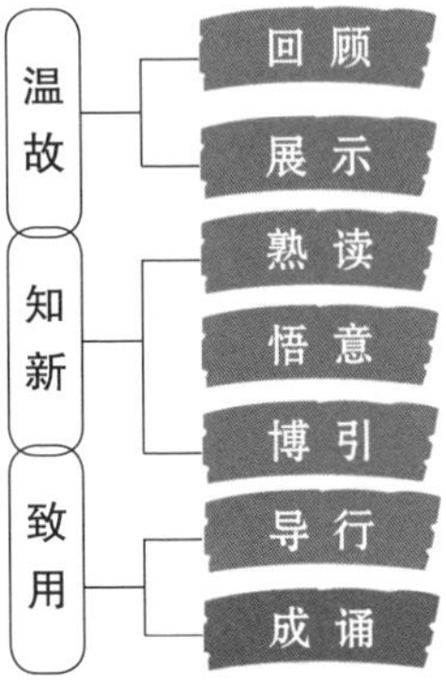


图2 “三环七步”国学经典课堂教学模式

1. 三个环节。

温故，教师在教授新内容之前，引导学生回顾以前学过的内容，既是对旧知的巩固，又为学习新知做好铺垫。知新，是课堂教学的主要环节，教师带领学生用不同的方式，学习新内容，读顺读通文本，并在此基础上了解文意。致用，学生在教师的引导和同伴的启发下，或把经典承载的道理与生活实际联系起来，帮助自己形成良好的言行与习惯，或体悟古诗文优美的文字、精练的用词、深刻的意蕴，进而学写韵文和创作诗词等。

2. 七个步骤。

回顾，教师组织学生回顾以前学过的与本节课主题相关的古诗古文。展示，学生通过各种方式展示已学知识。熟读，以读为主，分层次多形式地指导诵读。悟意，结合注释、图片，引导学生通过想象、表演、讨论等多种途径理解文字。博引，用声、像、文等多种资源旁征博引，品味传统文化精髓。导行，这一步视具体内容而定，蕴含丰富人生道理的文章，就要引导学生联系生活实际感悟道理；介绍自然常识或纯粹是表现中国语言文字音韵美的诗文，就引导学生欣赏文章的谋篇布局、遣词造句、音韵节奏，并进行仿写或创作。成诵，反复诵读，感受文言文、诗词精练而特别的表达方式，积累语言，培养语感，直至能背诵。

国学课程内容丰富，主题多样，可结合学生的年龄特点灵活变化，形成名言教学模式和古诗词教学模式（图3）。①

比如，兰润花老师的名言课例《孔子格言》，包含四大篇："温故篇——名言接龙小挑战""知新篇——孔子名言大放送""运用篇——学以致用我能行""创作篇——名言仿写也出彩"。教师根据名言短小精练、易记易用的特点，引导学生学以致用，即用名言中的道理指导自己的实际言行，仿写则是培养学生的语言运用能力。课堂上，教师让学生围绕

① 许凤英，兰润花，李淑君：《国学经典"三环七步"课堂教学模式研究》，《广东教育》2013年第5期。

“保护环境”创编名言，学生即兴创作出许多有特色的环保警语，如：“君子成珠江之美，不成珠江之恶，小人反是。”“珠江浑清，匹夫有责。”“天下之罪，莫大于污染；天下之德，莫大于环保。”

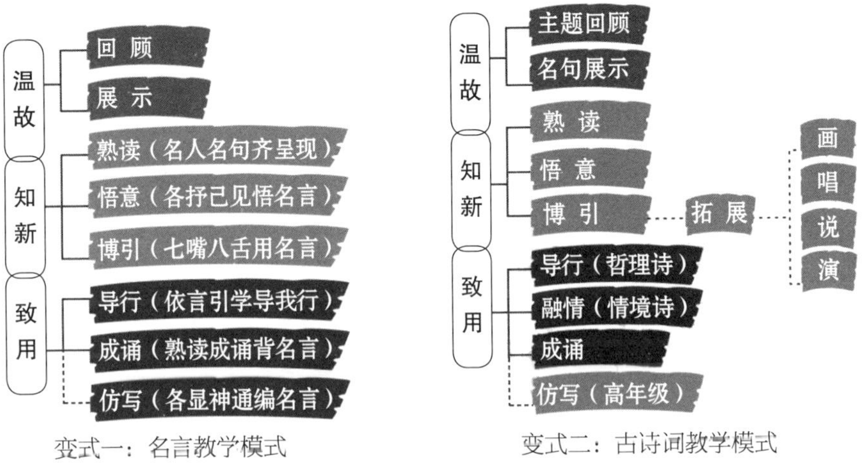


图3　名言和古诗词教学模式

### 3. “读”的时间多、花样多。

读与背是我校国学教育的重要方式，这种方式的选择与儿童年龄特点、古诗义特点密切相关。

（1）儿童天生喜欢读读背背。南怀瑾先生说，他从幼年开始亲身经历新旧各种读书的教育法，经历过文的、武的、入世的、出世的、中国的、洋式的各种教育方法，做过学生，也当过老师，觉得背记经典是最高明的方法。儿童读背经典是很轻松、愉快的。他们可以在歌唱、舞蹈的气氛中完成。古人把最难记的算术和其他天文、地理、物理等学识都编成歌诀来唱，声声朗诵，使其自然而然地进入记忆，到老也不容易忘掉，古人所说的“弦歌不绝”就是这个道理。[①] 经典素读创始人陈琴老师独创“歌诀体乐读法”，创造性地发展了传统读书方法，使学生在有序的音乐节奏

① 南怀瑾：《关于“中西方文化导读活动”的讲话》，中华文化断层重整工程，2002。

与律动中快乐地记忆经典，她的学生在小学阶段能背诵10万字经典。这说明顺应儿童的天性可以开发他们巨大的读背潜能。

（2）古诗文的行文特点决定了反复读背是学好经典的有效手段。南宋大儒朱熹认为诵读“要读得字响亮，不可误一字，不可少一字，不可多一字，不可倒一字，不可牵强暗记，只要多诵数遍，自然上口，久远不忘”，这种“涵泳”法就是强调反复读背。晚清名臣曾国藩谈到自己的诵读体会时说：“非高声朗读则不能展其雄伟之概，非密咏恬吟则不能探其深远之韵。”古人的书，推敲再三才得以传世，从音韵到思想，无不精致，必须反复诵读才能体会其文采与文理，两位先贤都强调了这点。

（3）五山小学的读背既有个人诵读，又注重集体诵读。集体诵读可以读出很多花样，如“读”包括范读、引读、领读、配乐读、男女对读、小组接读、变换节奏读；“背”则有接龙背、问答背、拍手背、比赛背、你应我和、同桌对背、据主题背、唱游展示、吟诵展示等。

4. “悟”的三原则。

“三环七步”模式强调以语言积累为主、理解导行为辅，所以在“悟意”环节，教师不要求学生明白每个字词的意思，只需知道词句的大意即可。“悟”的形式多种多样，例如，“图文结合明文意”“视频动画助理解”“经典故事我来说”“学思结合懂内涵”“联系实践说体会”“引经据典学思辨”等。对于“悟”的把握，我们遵循3个原则。

（1）不抠字句，点拨关键。郭齐家教授说：“要充分发挥孩子们记忆力强的长处，把该给他们的都给够。古诗文诵读时，不要求孩子全懂，教师可大致‘串’一下，扫清文字障碍，让学生先背诵下来再说，使其未来有一个发展的宽广平台，以后自然慢慢‘反刍’，一生受用不尽。”① 例如，兰润花老师执教的课例《〈论语〉——交友之道》，学习内容共4句：“第一句——有朋自远方来，不亦乐乎？第二句——益者三友，损者

① 郭齐家：《少儿国学教育势在必行》，《广东教育》2013年第5期。

三友。友直，友谅，友多闻，益矣。友便辟，友善柔，友便佞，损矣。第三句——与朋友交，言而有信。第四句——道不同不相为谋。”教师引导学生抓住四句中的关键字“乐”“益”“损”“信”“道”，来认识朋友的好坏，理解“友直，友谅，友多闻”和对应的“友便辟，友善柔，友便佞”等重要词句，分清“益友”与“损友”的区别。每句话只需让学生明白大概意思，并不要求学生逐个字理解。比如，“道不同不相为谋”这句话，教师不要求学生回答“道”是什么，“同”“相”“谋”是什么意思，而是借“管宁割席”“伯牙绝弦”的典故理解何为志同道合的朋友，最后引导学生概括出交朋友要选择“乐友”“信友”“志友”“益友”。台北仁爱小学张文宏校长听完这节课，评价：“兰润花老师教学目标达成了，孩子会背、会做、会联系，从孩子的觉知性和教师的释明性看出，这是成功的教学！”①

（2）结合现实，变通理解。比如，《论语·为政》中有“道之以政，齐之以刑，民免而无耻；道之以德，齐之以礼，有耻且格”这段话，意思是用法制政令来治理百姓，使用刑法来约束他们，老百姓只是暂时地免于犯罪受罚，却没有廉耻之心；如果用道德来教导、用礼教来整顿他们，百姓不仅有羞耻之心，而且人心归服。这句话说明孔子提倡采用周礼管理百姓，废除已有的法律。这种思想强调道德教化的作用，但如果没有法律就无法保证公正，自然难得人心，所以这种思想不符合法制越来越健全的新时代要求。教师在讲解时可结合社会主义核心价值观，引导孩子认识“自由、平等、公正、法治”的社会，把以德治国和依法治国结合起来，才是好的治国安邦之道。

（3）晓意明理，常读常新。北京大学钱理群教授认为，经典性的文学作品是常读常新的，不同年龄阶段有不同的感悟，教学中应该是有所懂

① 2014年7月25日，由广州市人民政府台湾事务办公室、广州市教育局共同主办的“第十届穗台校长论坛”分论坛活动在五山小学举行，穗台70多位校长观摩了兰润花老师执教的课例《〈论语〉——交友之道》。

有所不懂，没有必要把每句话都解释清楚，没有必要解释得太死，有些可以囫囵吞枣地读。如在《千字文》中有“空谷传声，虚堂习听。祸因恶积，福缘善庆”，这四句话的意思是：空旷的山谷里，声音会持续不断；空荡的堂屋中，一处发声各处都会响应。灾祸是作恶多端的结果，福气是乐善好施的回报。由“空谷传声”转到“善恶祸福”上，是说人的祸福都是自己招来的，就像自己在山谷中呼喊，听到的是自己的回音一样。小学生学习这四句话时，只需明白要多做善事，不做恶事，会有好的回报，至于“祸与福是一体两面、相对共存的关系”这深层内涵，不必急于生硬地讲解给学生听，因为每个人在人生的不同阶段都会有不同的体悟，有些人可能需要用一辈子的生活阅历才能感悟“祸兮福之所倚，福兮祸之所伏”。所以，涂又光先生提出学习经典的“反刍律”，儿童读经典应该像牛吃草一样，先吞下去（即背诵），然后再反刍，慢慢消化吸收。[①]

家长们也逐渐体悟到学校的用心。我校五年级学生李心怡家长说：“每天听孩子回家读诵经典，我也颇感兴趣地跟着学，从开始的枯燥乏味到后来十分喜欢，渐渐发现国学经典的智慧和其对孩子的深远影响。孩子把《三字经》《千字文》等从头到尾熟练背诵，虽然只是一知半解，囫囵吞枣，可学校的意图在于，使孩子在小学时期迅速记忆这些文字，让经典在他们脑中留下痕迹，这样会使其受用一生，感悟一生。我们家长觉得学校做得对，积极支持。”六年级学生叶家通家长说：“我不觉得孩子不理解是个问题。因为中华文化属于伦理型文化，强调做人。学习贯穿于人生的全过程之中，不能急功近利，否则与中华文化的实质格格不入。我们应该用细雨润物的原则，把眼光放长远，引导孩子慢慢感悟。”

① 涂又光，刘献君，刘亚敏，等：《我们需要什么样的教学》，《高等教育研究》2004年第3期。

## （二）例说国学课堂

唐朝诗人刘长卿说：“古调虽自爱，今人多不弹。”喻指世人只知趋时随俗，不爱高雅的古调。国学经典高度凝练，生僻字多，深奥的词多，句中典故多，世人也会对经典学习心存畏惧。但我们的教师自有办法，他们根据每节课的内容特点、学生年龄特征选择恰当的教学策略与方法，抓准关键和重点，也能化佶屈聱牙为生动流畅。以下几节课例可见一斑。

1. 巧用典故。

一年级《〈三字经〉之勤学篇》（五山小学熊萍芬老师执教）。教师巧用典故引导学生理解句子和感受勤学的精神。教学内容是“披蒲编，削竹简。彼无书，且知勉。头悬梁，锥刺股。彼不教，自勤苦。如囊萤，如映雪。家虽贫，学不辍。如负薪，如挂角。身虽劳，犹苦卓”。教学环节为“书声琅琅我乐读—学思结合我乐悟—口到心到我乐背”。新内容呈现后，教师用各种形式的读，让全班学生把文句读至流利；接着，教师让学生结合文下注释，边读边试着与同桌交流读懂了几个人物的故事；指名汇报环节，教师先把文中涉及的几个典故“悬梁刺股”“囊萤映雪”“负薪挂角”中的人物故事视频播放给学生看，学生不仅认识了这段话中孙敬、公孙弘等古代学子，而且知道了他们是怎样勤奋读书的，再让学生说文句的意思，就比较顺利了；拓展环节，教师引入现代故事——孝女彭彩金在贫苦的生活重压下仍然发愤学习的事迹；最后让学生围绕“我们向这些古人学什么”谈体会。学生的体会很丰富，有的学生说如果看书时发困就站起来看书；有的说用冷水洗一下脸就更有精神读书了。

2. 反向理解。

一年级《〈弟子规〉——信》（五山小学李淑君老师执教）。这节课的亮点在教师采用反方向理解法引导学生学思结合。教学内容是“凡出言，信为先，诈与妄，奚可焉。话说多，不如少，惟其是，勿佞巧。刻薄语，秽污词，市井气，切戒之。见未真，勿轻言，知未的，勿轻传。事非宜，勿轻诺，苟轻诺，进退错”。4个教学环节：春吟秋诵——我乐读、学思结合——我乐悟、循序渐进——我乐背、知行统一——我乐用。在学生用各种方式把文段读得很顺、很熟后，教师让学生试着看看文段下的解释。由于本节课学习内容较多，有五个长句，二十个短句，逐句理解会很耗时，学生也会很疲乏。教师一改常规悟意方法，不问“这句话是什么意思？”“你读懂了哪句话？”，而是呈现一幅幅漫画——红袋鼠边跑边说“不得了，听说跳跳蛙被抓起来啦”，然后问学生：“你想用这段话中的哪句话提醒红袋鼠？”学生马上就找到“见未真，勿轻言，知未的，勿轻传”，还能较准确、清晰地说理由——红袋鼠是“听说”，不是亲眼所见，或不确切的消息不要轻易传扬。教师继续用这种方法让学生弄懂“诈与妄，奚可焉”“惟其是，勿佞巧”的意思。反向理解法很适合用在低年级课堂教学中。

3. 图说经典。

四年级《笠翁对韵·四支》（五山小学兰润花老师执教）。这节课最大的亮点是以图解意，依图学“对”（对联）。教学内容是“泉对石，干对枝，吹竹对弹丝。山亭对水榭，鹦鹉对鸬鹚。五色笔，十香词，泼墨对传卮。神奇韩干画，雄浑李陵诗。几处花街新夺锦，有人香径淡凝脂。万里烽烟，战士边头争保塞；一犁膏雨，农夫村外尽乘时”。教学环节包括认识对韵、悦读韵文、图说经典、乐背经典、依图学对。教师以纪晓岚妙用对联的故事引导学生总结出对联的基本特点（字数相等、词性相对、意思相关等）；然后让学生反复朗读韵文，提醒读准“水榭”“传卮”等词，强调带韵脚的字“枝”“丝”等要拉长音读；接着进入以图解意环节，教师呈现图片，学生找出文段中的对句，教师借机指导学生理解“弹丝”“泼墨”“传卮”“膏雨”等生疏的词，并讲述故事“五色笔”“江郎才尽”；学生通过填空方式背诵、男女对背等形式背诵韵文；最后引导学生“用对子”，教师呈现图片，让学生用“i”韵试写“一字对”“二字对”，尝试给“多字对”排序。比如，一条粗绳与一条细绳的图片下应该写“粗对细”（“细对粗”则不行，不押“i”韵）；弓与剑的图片下应该写“弯曲对笔直”……每每写对了对子，学生都很兴奋。

4. 利用音乐节奏。

五山小学李穗湘老师执教二年级《百家姓》时，最有趣的教学环节是通过不断变换诵读节奏把看起来孤立枯燥的姓氏罗列得悦耳动听。教师选择开篇的48个姓氏“赵钱孙李，周吴郑王。冯陈诸卫，蒋沈韩杨。朱秦尤许，何吕施张。孔曹严华，金魏陶姜……奚范彭郎”作为本节课内容，教学环节包括字正腔圆——知读音、摇头晃脑——读韵律、调查研究——明文意、循序渐进——背文段。教师在学生读准字音后，就试着让孩子们用不同的节奏读，借鉴音乐课中的节奏术语指导朗诵，比如，“塔/塔塔塔”节奏就读成“赵/钱孙李，周/吴郑王”；而“塔塔塔/塔”就读成“赵钱孙/李，周吴郑/王”；还可以用“塔/塔塔塔，塔塔塔塔”读出七言格律诗的感觉，“赵/钱孙李周吴郑王，冯/陈诸卫蒋沈韩杨”。学生多试几遍就能找到感觉，尤其是小组轮读或全班齐读，一长串一长串地连读下去，韵律越发明显，所以听起来各个姓氏或长或短，或扬或抑，有独特的音乐美。这节课的“调查研究——明文意”环节也很有创意，教师用视频介绍了自己“李”姓的由来，让学生说说“你的姓有什么故事”。有的学生把家谱抱来，讲他爷爷的祖先到现在的家族世系繁衍，有的孩子搜集了很多与自己同姓的古今名人，有的孩子介绍姓氏来源。这种交流让学生和听课教师都对姓氏寻根产生了浓厚的兴趣。课后，任教该年级的美术老师还指导学生给各家的姓氏配画，并绘在工艺马勺上，由此诞生了一批妙趣横生的马勺画。

5. 吟诵教学。

三年级《笠翁对韵·四支》（五山小学黄雪芬老师执教）。这节课的成功之处在于将吟诵教学法贯穿课堂教学始终，学生学得轻松愉快。教学内容是“箴对赞，缶对卮，萤炤对蚕丝。轻裾对长袖，瑞草对灵芝。流涕策，断肠诗，喉舌对腰肢。云中熊虎将，天上凤凰儿。禹庙千年垂橘柚，尧阶三尺覆茅茨。湘竹含烟，腰下轻纱笼玳瑁；海棠经雨，脸边清泪湿胭脂”。课堂教学有5个环节。

第一环节，书声琅琅——我乐读。先指导学生把难读的字音读准，韵文读正确，为吟诵做好铺垫。

第二环节，依字行腔——我乐吟。在读顺韵文的基础上，先让学生找韵脚和平仄声的字以及入声字，教师示范吟诵，让学生体悟吟诵技巧“依字行腔，平长仄短，入短韵长，抑扬顿挫”，然后抓一两句重点指导，再逐渐过渡到整段学习。教师示范吟诵：箴对赞，缶对卮——，萤焰对蚕——丝——。轻裾——对长袖，瑞草对灵芝。流涕策，断肠——诗——，喉舌对腰——肢——。学生模仿吟诵，请勇于尝试的学生个别吟诵，消除其他孩子的顾虑，再让同桌之间互相练习，最后让学生集体吟诵。掌握方法后，学生就逐行逐行地进行吟诵练习，直至吟诵整段。

第三环节，学思结合——悟大意。通过吟诵，学生对韵文比较熟悉了，这时要用图片、故事等方式帮助学生理解韵文意思。

第四环节，学以致用——我乐对。学生理解韵文的意思后，也了解了对子的特点，并对“对对子”产生兴趣，教师就用连线、在诗句中找对子、试着填对子等方式让学生对对子、吟对子。

第五环节，熟读成诵——我乐背。通过多种形式的朗读、反复吟诵、图文结合理解后，学生能够背诵其中的好几句话了。教师配上音乐，让学生用吟诵展示“成诵”效果，逐渐加大难度，先给出上半句，让小组接龙吟诵下半句，接着让男女学生分别填空式地你一句我一句地吟诵，反复两三次后，全班就可以不看韵文，吟诵整段。[①]

古典文学研究专家叶嘉莹老师说，吟诵的音乐性能够使人更轻易地记忆、理解、感知诗歌的文字与意象。这节课，学生全程都处于轻松愉快

① 黄雪芬：《吟诵教学法在“三环七步”教学模式中的应用》，《中华优秀传统文化教育的理论与实践丛书——教师论文集》，广东教育出版社，2017。

的状态，积极尝试，勇于表现。儿童吟诵声纯净悦耳，听课者也觉得很享受，课堂教学变成了体验声音美、对仗美、典故美的“寻美之旅”。

### （三）其他学科的课堂渗透

“浸习”理念强调不能孤立地学习国学经典，要与其他学科、各项活动融合，将国学元素扩散，使其进入其他学科教学中，这就是“学科渗透”（台湾地区称为“融入式教学”）。北京的数学名师孙维刚曾说，“教师要站在系统的高度教学知识，八方联系，浑然一体，造成学生总是浮想联翩思潮如涌的思维状态”。[①] 所谓“八方联系”，是指将学科间的知识相联系、学生的新旧知识相联系，使学习内容不孤立，从而引发学生联想。我校的国学课程通过与其他学科、活动间的“八方联系”，不仅拓展、延伸国学课堂，也补充、丰富其他学科资源。

1. 语文学科：“四处”巧用经典。

语文教学在课前、课初、课中和课后“四处”结合品读课文学习的需要，巧妙地引经典进课堂，往往起到画龙点睛的作用。

课前，巧用3分钟诵读经典古诗文、介绍国学小常识、讲经典小故事、推荐经典名著等，精心营造语言学习氛围。课初，引用与课文相关的诗文、典故等导入新课，为品读课文做好铺垫。课中，挖掘经典与课文内容的联系，将经典适时引入教学活动中作为课文的补充。比如，学习六年级语文课文《跨越百年的美丽》时，学生知道了居里夫人没有申请镭的专利、放弃巨额财富等故事后，教师引导学生用老子的思想评价居里夫人如何对待得失。学生立刻就联想到《道德经》第81章中的“既以为人，己愈有；既以与人，己愈多”这句话，思路一下子就贯通了，既准确地把握了文章要表达的中心思想，又促进了富有哲理的经典名句的运用。课后，适

① 教师吧：《孙维刚老师介绍》2005年10月01日，http://www.jiaoshi8.com/2msjs/20101119007.htm. 访问日期：2016年12月15日。

时适量拓展相关主题的古诗文或名言警句，让学生诵读、积累，拓宽学生视野。

2．综合实践学科：体悟传播经典。

综合实践课程通过开展一系列实践活动体悟和传播经典文化。在“中国的传统节日”综合实践活动中，学生深刻感受到中华传统文化的魅力：调查了解春节的来历、不同地区不同民族过春节的习俗；探究重阳节为什么要登高、赏菊、插茱萸等，吟诵经典诗篇。

我校还开展了“粤探究粤有味”综合实践活动，引导学生探究和传承地方文化。地方文化也称地域文化，是传统文化的一部分。本土文化更易让学生产生兴趣、注入情感、融入记忆。但我们发现，很多孩子即使是土生土长的广州人，也不一定很了解广州本土的文化。因此，老师引导学生从建筑、饮食、书画、广绣、广彩、粤剧、节俗等几个方面去探究岭南文化，活动呈现出跨学科、跨年级的特点。美术课上，让学生设计以广府文化（粤语、粤剧、早茶、鸡公榄等）为题材的邮票；语文课上，组织学生读以广彩、广绣为主题的《传统工艺课堂之广彩》《传统工艺课堂之广绣》读本；科学课上，组织学生用纸板建造西关大屋、岭南骑楼；少先队大队部组织学生参观广东民间博物馆、岭南印象园、宝墨园，走访传统工艺传承人、参观传统工艺流程、体验传统工艺制作等。

3．品德学科：践行育人内涵。

国学经典中有“爱人者，人恒爱之”的仁爱教育，有“业精于勤，荒于嬉；行成于思，毁于随”的勤学教育，有“由俭入奢易，由奢入俭难”的俭朴教育等。这些为品德课提供了永不枯竭的教育资源。在品德课程教学中，教师指导学生用熟读成诵的经典名句来领会道理，能够获得事半功倍的效果。例如，六年级的《品德与社会》中有一课《大漠里的无名英雄》，介绍邓稼先在大漠之地隐姓埋名10多年研制原子弹的事迹，教师让学生结合《道德经》第81章中的“圣人之道，为而不争”这句话，说说邓稼先的“为”是什么，“不争”什么，这样联系能够让学生凝练而准确地评价人物精神、品格。

4. 艺术学科：形象演绎经典。

美术课上，学生为古诗文配画、为画配诗；音乐课上，学生用歌舞、小品、快板等艺术形式演绎古诗文，用诗文描述歌舞之声色，使精深的经典内容变得生动活泼、丰富形象。

比如，叶桂霞老师在美术课上通过引导学生为古诗文配画，不仅提高了学生的美术素养，而且也帮助学生进一步理解了古诗文所表达的思想与情感。她的语文配画教学一般分三个环节。

（1）理解诗词，感悟意境，构思画面。一幅好的画作，要建立在对诗文理解的基础上，要把诗中的意境表达出来。因此，学生进行配画之前，教师要让学生理解古诗的创作背景以及作者情况。例如，为诗《所见》“牧童骑黄牛，歌声振林樾。意欲捕鸣蝉，忽然闭口立。”配画，学生进行画面构思：夏日炎炎，小牧童身穿短衣裤，坐在牛背上，左手持牧牛鞭，右手食指贴着嘴巴，仿佛在说，嘘，别出声！他抬头看树上鸣蝉的专注、好奇的眼神透露出活泼天真的个性。

（2）情景启导，激发情趣，深化体验。在进行诗配画时，教师要在学生具备一定感性体验的基础上，以各种方式创设情境，引导学生进入角色，让学生主动参与整个审美活动，加强审美主体与作品之间的交流，激发其创作灵感。在创设情境时，根据诗歌的不同内容，找到能使学生与创作作品产生情感共鸣的连接点。比如，为《赠汪伦》这首诗配画时，教师可以讲述李白和汪伦的故事，然后让学生进行角色替换：假如李白和汪伦就是你和你的知心朋友，你们这样朝夕相处、谈话投机，可你们终归要离别，那会是怎样的情景和情感？然后让学生用画表现出来。

（3）立足生活，诱发想象，古诗新绘。美术创作离不开想象，没有想象，无法进行艺术构思。在学生进行构思时，要引导学生以诗文的初步形象为出发点，结合自身的知识水平、生活实际，进行大胆积极的想象，从而联想到与诗文内容相近或有关的很多新形象来表现诗意。例如，为古诗《咏柳》配画，教师让学生先回忆诗句“碧玉妆成一树高，万条垂下绿丝绦。不知细叶谁裁出，二月春风似剪刀。”再引导学生以日常生活中的景象作为切入点，让他们展开想象：和煦的春风，青青的草地，树林里开满了鲜艳的花朵，红的、黄的、白的、紫的；蝴蝶在翩翩起舞，蜜蜂在欢快采蜜；河边高大粗壮的柳树，柳条吐出点点绿芽，小鸟在欢快跳跃着。学生头脑里有了想象的画面，就有了创作的冲动，很多优秀的诗配画作品就这样诞生了。①

5. 体育学科：融入传统武术。

学校体育课活动丰富多彩，不仅有全校师生参与的八段锦，还有各年段的武当基本拳、太极扇，这样可以有效地发挥优秀传统文化养心、益智、健体的多方位功能。

## 五、促学性的课程评价

课程评价的科学性、导向性直接影响着课程的持续实施与推进。我校开展“新课程背景下国学经典课程多元评价体系的构建研究”的课题研究，构建多元评价体系，评价内容包括教材评价、教学评价和学习评价，评价目的是全面了解教学效果、激励学生的学习、改进教师的教学。② 关于教材的评价在前面已有介绍，这里解释一下如何评价教师的教和学生的学。

### （一）评价教师的教

我们结合“三环七步”课堂教学模式的实施，设计了国学课堂教学评价表（表3），以教学目标、教学内容、教学方式、教学过程、教师素养

① 叶桂霞：《古诗配画创作指导模式初探》，《基础教育参考》2007年第6期。
② 许凤英，曾瑜：《新课程背景下国学经典课程多元评价体系的构建研究结题报告》，内部资料，2018。

这5个指标对教师教学进行自评和他评，然后通过研讨交流的方式不断修正，以优化教学效果。

**表3 五山小学国学课堂教学评价表（试行）**

<table>
<tr><td>听课班级</td><td colspan="2"></td><td>听课地点</td><td colspan="3"></td></tr>
<tr><td>执教教师</td><td colspan="2"></td><td>执教课题</td><td colspan="3"></td></tr>
<tr><td>指标</td><td colspan="5">评价标准</td><td>得分</td></tr>
<tr><td rowspan="2">教学目标<br>（20分）</td><td colspan="5">1. 有明确具体的四维目标，符合学生实际，可操作性强(10分)</td><td></td></tr>
<tr><td colspan="5">2. 关注每位学生，绝大多数学生能熟读成诵，目标达成度较高（10分）</td><td></td></tr>
<tr><td rowspan="2">教学内容<br>（20分）</td><td colspan="5">3. 精心选取国学经典内容，体现核心价值观（10分）</td><td></td></tr>
<tr><td colspan="5">4. 整合教学资源，容量恰当、坡度合理（10分）</td><td></td></tr>
<tr><td rowspan="2">教学方式<br>（20分）</td><td colspan="5">5. 能运用多种方式辅助教学，激发学生学习国学经典的兴趣（10分）</td><td></td></tr>
<tr><td colspan="5">6. 读的形式多、时间足，注重语言积累；读思结合，了解章句大意（10分）</td><td></td></tr>
<tr><td rowspan="2">教学过程<br>（20分）</td><td colspan="5">7. 温故、知新、致用三个教学环节清晰，教学重点突出，教学效果好（10分）</td><td></td></tr>
<tr><td colspan="5">8. 以学生为主体，传授知识和培养能力的同时，注重人文素养的培养（10分）</td><td></td></tr>
<tr><td rowspan="2">教师素养<br>（20分）</td><td colspan="5">9. 国学功底扎实，语言表达准确清晰、有感染力（10分）</td><td></td></tr>
<tr><td colspan="5">10. 教学技能娴熟，开发课程资源的意识强，形成个人教学风格（10分）</td><td></td></tr>
<tr><td colspan="6">总分</td><td></td></tr>
<tr><td rowspan="2">综合评价</td><td colspan="2">优秀<br>（85~100分）</td><td>良好<br>（70~84.5分）</td><td>合格<br>（60~69.5分）</td><td colspan="2">不合格<br>（60分以下）</td></tr>
<tr><td colspan="2"></td><td></td><td></td><td colspan="2"></td></tr>
<tr><td rowspan="2">总评</td><td>自评</td><td colspan="5"></td></tr>
<tr><td>他评</td><td colspan="5"></td></tr>
</table>

课堂教学评价促使教师灵活运用“三环七步”课堂教学模式，使我校的国学课自成一家，形成独特的教学风格，吸引着大批区内外教师来校听课观摩，兰润花、熊萍芬、李淑君、李穗湘等教师还多次在省内外做示范教学。

### （二）评价学生的学

1. 考核量的积累。

古人背书的考核方式有“背带书”，即背诵前几天学过的内容；“背理书”，即背诵整本书；“背年书”，即背诵一年所学内容；“背挑书”，即随机抽取其中一部分内容背诵。我校对学生的考核一般采用“背带书”和“背理书”这两种。前一种由国学老师在平时教学中完成，后一种由教师、学生小组长和经典导读小组一起完成，这就是我校的“国学雏鹰奖章”评价。例如，一年级“国学雏鹰奖章”评价表包含5个方面内容（表4）。它是一种终结性评价，侧重检查古诗文篇章量的积累，每个学年末进行一次集中考核，对学生背诵篇目进行检查。评价主体是多元的，包括学生自己、家长、伙伴、教师。其中，教师评价是指本班国学老师先进行全班初步考核，再由经典导读小组随机抽取50%的学生进行二次考核。凡达成学习目标的学生都可获得“国学雏鹰奖章”。这种评价旨在让学生体验个人进步的乐趣和达成目标的成就感，进而促进学生自主学习。教师使用评价表时，尊重学生的个体差异，在全体学生都能达到要求的基本条件下，鼓励记得快、有余力的学生为自己提出更高的目标。

表4　一年级“国学雏鹰奖章”评价表

| 序号 | 学习内容、目标 | 评价情况 | | | |
|---|---|---|---|---|---|
| | | 自己评 | 家长评 | 伙伴评 | 教师评 |
| 1 | 熟练背诵本册20句名言 | | | | |
| 2 | 背诵本册10首古诗，并说出诗题、作者 | | | | |

（续表）

| 序号 | 学习内容、目标 | 评价情况 | | | |
|---|---|---|---|---|---|
| | | 自己评 | 家长评 | 伙伴评 | 教师评 |
| 3 | 背诵《三字经》规定篇章（除了41页第二段至46页第一段，即“自羲农，至黄帝”至“朝于斯，夕于斯”这部分要求熟读以外，其他段落均需背诵）；背诵《弟子规》全文 | | | | |
| 4 | 熟读本册古文5篇，背诵《夸父逐日》《望梅止渴》《叶公好龙》 | | | | |
| 5 | 了解中国书法特点，学写毛笔字；<br>了解中国画特点，学画中国画 | | | | |

2. 写、画、演的展示。

写、画、演是很受小学生欢迎的评价方式，形式轻松活泼，也给学生创造了交流展示的平台。我校定期开展国学知识竞赛、名言成语接龙赛、油纸伞绘画展、传统节日手抄报展、脸谱制作等各种比赛；编辑班刊《子衿集》和校报《子衿报》；举办“国学伴我成长”和“国学经典在我家”征文活动；结合艺术节、美育节，让学生用艺术展演的方式表现国学经典的语言美、音韵美、内涵美。

3. 成长档案。

档案是对学生学习与成长过程的追踪记录，是用来描述学生学习与成长经历的作品集。“档案袋评价”指的是通过档案袋的制作和呈现对学生发展所做出的评价，也称为“学生成长记录袋评价”。教师为每位学生设置了“国学促我成长”档案袋，收集学生在国学学习过程中生成的作品和材料，如经典读后感、书画作品、经典摘抄、国学绘本等。师生一起对作品进行评价，并组织班内、年级间展示档案袋并相互交流，以促进学生取长补短。在这种“建档”与交流过程中，学生也作为评价主体，不仅能看到自己的成长，评价自己的成长，还能通过了解同伴的进步，进行反思，激发提升自身能力的积极性。

4. 问卷调查。

2007年，学校针对教师、学生、家长3个群体设计了3种调查问卷，内容涉及对国学经典的兴趣，经典学习对学生学习能力（包括增加识字量、增强记忆力、提高口头表达能力和写作水平等）的提升；对为人处世、习惯养成、今后的成长是否有帮助等方面。统计结果显示，五山小学的教师、学生、家长都认为经典诵读提高了学生学习经典的兴趣（认可率都超过了80%），也高度一致地认可学习效果（认可率也超过了80%）。2017年，我们再次对本校在读的三年级至六年级的715名学生和他们的家长进行了“国学经典学习情况”的问卷调查，95%的家长认为国学课程对孩子成长有帮助。学生普遍认为，古诗文能够指引他们为人处世（支持率60%）、养成良好习惯（支持率56%）、提高口头表达能力和写作水平（支持率70%）。

5. 家长的评价。

我们也曾就“经典学习的有效性”这一主题，通过“我看国学教育”征文了解家长对此的评价。

▲二年级学生李梓琦妈妈的感受：在女儿初入小学时，我也加入选择学位房、购买学位房的大潮中。很多朋友不理解，我为什么舍弃众人向往的越秀学位房，购买了五山小学的学位房。进入五山小学，欣喜地打开《少儿国学读本》，里面不仅有诗词，更有塑造孩子健全人格、使其积极向上的正能量。通过背诵“学而不思则罔，思而不学则殆”，女儿逐渐明白了学习方法，尽管还不能融会贯通地运用到学习中去，但毕竟有了初识；通过背诵《弟子规》，她明白怎么把口头上的孝顺落实到日常生活中；一首《明日歌》，更是让她养成了当日事当日毕的好习惯，虽然还不能时刻坚持，但至少有了一个对自己的要求；一句“位卑未敢忘忧国”，让小小年纪的她，知道了对国对家，都应该贡献自己一份力！

▲六年级学生赖玥琪家长的评价：《三字经》上讲“莹八岁，能咏诗。泌七岁，能赋棋”，七八岁的孩子就能作诗，古人为什么有这么强的

写作能力呢？其实这是古代语文教学的长处所在，要想和古人一样就要大量诵读与记忆，只是我们现代人把这种方式抛弃了，导致现在的孩子在语文学习上费力多而收效少。国学教育能迅速地增加孩子的语言积累，提高孩子的语言交际能力，而且，孩子到了高年级也越来越能感悟到经典诗文中的义理与文采，越学越有兴趣了。我的孩子通过6年的经典诵读，在识字、阅读、作文以及口头表达能力等方面都有很大的提升。

▲六年级学生王露晓妈妈的评价：五山小学每天不间断地让孩子读国学经典，艺术节上让孩子们用说、唱、读、舞的方式演绎《三字经》《大学》等，我被深深地感动了。看着孩子们一天天成长，并且变得懂事和有礼貌，很多家长都非常认可学校的国学教育工作，因为孩子在诵读国学经典的同时，会逐渐形成正确的价值观，从而避免走弯路，也能抵制住外界的不良诱惑。

孩子读四年级的时候，不小心把家里最漂亮的花瓶打碎了。刚开始，孩子很想瞒过我，因为怕我生气。晚上，孩子对我说：“妈妈，我不小心把花瓶打碎了。请您原谅我，我不是故意的。之所以告诉您这件事，是因为我想起了《千字文》的那句‘知过必改，得能莫忘’，又想起妈妈讲过的周处的故事，只有做个诚实的孩子，我自己才会问心无愧。”我刚一听到，有点生气，后来看她一脸真诚，我镇定了一下说：“没事，东西坏了还可以买。但诚实最可贵，你是个好孩子！”

现在的孩子虽然生活条件好了，却很孤独、寂寞，有些孩子的父母忙于工作，没有办法跟孩子经常谈心。孩子会瞒着家长出去瞎逛，或上网不加选择地看各种信息，从而形成一些不良的习惯。我们跟孩子谈论这事时，孩子说：“‘亲所好，力为具。亲所恶，谨为去。’父母喜欢的，就要尽力做到做好。凡是父母厌恶或不喜欢的，要谨慎地去掉或者改正。”我们做家长的听了，多欣慰啊。我想，如果不是读了经典、理解了经典，孩子是不会有这种感悟的！

6. 各种抽测的侧面评价。

我们通过分析广州市教育质量阳光评价测试和天河区各科质量抽测的数据，侧面了解了国学课程的有效性。

我校连续3年参加广州市教育质量阳光评价测试，学业水平和综合发展水平稳中有升。2019年4月，我校语文、数学、科学这3科的学业测试平均分都超过区和市平均分，其中阅读素养超出区均分4.81分，超出市均分8.31分；数学能力超出区均分6.16分，超出市均分11.18分；科学素养超出区均分3.73分，超出市均分5.36分。非学业测试水平（综合发展水平）也较高，其中品德与社会化水平（含社会责任、国家认同等）、学业发展水平、身心发展水平、兴趣特长潜能、对学校的认同（含学校认同、文化自信等）等均超过区平均水平，更远超市平均水平。在小学阶段，古诗文素养在学业测试中体现得并不明显，但一定有助于提高学业水平。我校参加天河区各科质量抽测，各项指标也均在本区中上水平，且呈现逐年上升的积极态势。

教育的效果从来不是立竿见影的，急功近利必会违反教育规律，我校的国学教育所产生的效果也许现在还不能完全显露出来，但可以肯定的是，来自实践的“浸习式”国学课程体系是科学的、系统的、可操作的，是值得推广应用的。

2015年我校作为小学分会场承办了第五届海峡两岸中华文化特色课观摩研讨会，接待了来自海峡两岸160多名教师来校听课、参观、座谈。台北市中山中学的高美玲老师说：“对五山小学的国学教育感到非常震撼！学校有系统的课程架构、设计，背后凝聚着很多智慧，让人感佩！”

2015年7月13日，天河区申报“全国国学经典教育示范区”调研汇报现场会在五山小学举行。中国关心下一代工作委员会（以下简称“中国关工委”）中华传统文化诵读工程常务副秘书长顾建华先生听完我的汇报，称赞五山小学：“‘浸习式’国学课程符合文化传承的模式，循序渐进，一门深入，厚积薄发，找到了规律，是开展经典教育的一个重要法宝，是经典教育的一个样板。”

2018年北京师范大学的校友沙龙，大家听我做专题分享“坛子和罐子——儿童诵读经典的故事”，一位博士校友说：“从许师姐这十几年来在国学教育方面所做的努力，我感受到，丰硕的成果要靠平日里的点滴积累，如果想做什么事，每天10分钟起养成一个好习惯，慢慢做着就能知道方向了。就像此次的主题——坛子和罐子，腌着腌着就入味了。”

华南师范大学陈汉才教授则用一首五言诗《小小十分钟　成就大未来》评价我校国学课程，凝练而准确地概括了我校国学课程内容、组织形式、学习方法、教学原则与目标。

**小小十分钟　成就大未来**

诗词文歌赋，吟诵唱和表，
师生齐参与，集体效应牢。
渗透各活动，科科受熏陶，
渐进又恒久，积沙比塔高。
巧学十分钟，汲用精华妙，
国学开新花，全面素质好。

德育篇

# 用传统美德滋养少年品行

“意诚而后心正，心正而后身修，身修而后家齐，家齐而后国治，国治而后天下平”，优秀的古诗文中蕴含着正确价值观，有“人无信不立”的为人之道，有“天行健，君子以自强不息”的奋斗精神，有“国家兴亡，匹夫有责”的家国情怀。五山小学将国学经典作为德育工作的载体，用十几年的探索证明，小学生的思想道德教育资源，最好莫过于圣贤典籍。

# 一、国学育德

## （一）童蒙养正

中国特色社会主义进入新时代，进入前所未有的高速发展时期，经济高速增长，人们的物质生活水平普遍提高，但精神生活质量却没有同步跟上，人文精神缺失，追名逐利、精神迷茫、价值观错乱等现象已成为社会隐忧。

而生活在这个时代的少年儿童，由于网络的普及，很容易接触到不健康的信息源，有的少年儿童面对网络几乎迷失了自己。社会上的低俗读物、不良影像资料总是轻易流向了缺乏防范意识的少年儿童，严重污染他们的心灵。目前少年儿童的思想道德状况存在令人担忧之处。从世界范围观察，青少年犯罪已经呈现出低龄化、手段智能化、团伙性和暴力性犯罪增多的特点。中国台湾的王财贵博士说："近年来犯罪率的增高、犯罪年龄层的降低、校园暴力事件的频传，显示了人心的极度空虚、人生方向感彻底的失落！"① 他认为，最根本、最切实的是教育革新，即普遍恢复读经的教育，尤其要从儿童时期开始，以期固本培元，童蒙养正。而"养正"之方，应以读经最为方便、最实际有效，从而救助文化，扶持人心。

五山小学选择国学经典作为德育工作的载体正是源于国学内容的独特性和时代的需求。教育部制定的《中小学德育工作指南》指出"引导学生了解中华优秀传统文化的历史渊源、发展脉络、精神内涵，增强文化自觉和文化自信"。加强中华优秀传统文化教育是培育和践行社会主义核心价值观、落实立德树人根本任务的重要基础。北京师范大学黄济教授说："全部中华经典，特别是儒家的经典，几乎都可以用来进行道德教育，以

① 绍南文化：《读经教育手册》，厦门大学出版社，2001。

提高学生的公民素质和道德修养。中国有着人文教育的传统，文与道是结合在一起的。孔子对自己的要求就是‘德之不修，学之不讲，闻义不能徙，不善不能改，是吾忧也’，这应是我们进行道德修养教育的示范。《弟子规》是根据孔子的训示编写成的一部青少年的道德经，今天之所以对它特别重视，就是为了提高青少年的道德修养，提高公民素质。”① 而《三字经》则被联合国教科文组织列入“世界儿童道德教育丛书”。

五山小学低年段的所有学生都要背诵儒家的蒙学名篇“三百千弟”，从小就学习待人接物之道；中高年段诵读儒道经典，明白做人做事做学问之理。我校的德育案例“诵读国学经典，践行社会主义核心价值观”获得广东省“百系列”学校德育优秀成果二等奖，并入选《广东中小学百个优秀德育案例》。案例包括依据学生年龄特征，设计梯级式教育主题与内容；通过校本德育模式促进学生思想道德“知情意行的转化”；用好课堂教学的主渠道和校内外实践活动，引导学生践行社会主义核心价值观；发挥家庭在德育工作中的重要作用；建设具有中国文化意识的校园精神。国学育德、国学启智是我校国学教育的初衷，学生在诵读经典的过程中产生了一系列变化，良好品德和习惯的养成、优良班风和校风的形成，给德育工作者很多启示，给新时代小学德育工作指明了方向。

### （二）仁智德育

五山小学的育人目标是培养“素质全面，人文见长”的仁智少年。“素质全面”体现学校落实国家“培养德智体美劳全面发展的社会主义建设者和接班人”的育人要求，“人文见长”体现五山小学的学生在国学经典熏陶下有人文素养的发展优势这一特点。

人文指什么？“人文”一词最早见于《易经》：“观乎天文，以察时变；观乎人文，以化成天下。”《辞海》解释：“人文指人类社会的各种

① 黄济：《在中小学如何开展国学教育》，《课程·教材·教法》2015年第2期。

文化现象。”中国科学院院士杨叔子在《科学人文 和而不同》这篇文章中说：“科学是求真，人文是求善。”著名教育学者肖川教授认为，人文即重视人的文化，对于社会成员而言是先进的道德和习惯规范。[①] 我校认为，人文最重要的方面体现在尊重人、关心人、爱护人，是人的德行、修养。我们选入国学课程的内容都蕴含待人接物、关心国家、关爱集体、爱护环境、自立自强等思想，对五山学子人文素养的提升大有裨益。华南师范大学宋春燕博士曾经来我校培训教师，她向一个学生打听阶梯教室的位置，孩子告诉她后就回教室了。宋博士边爬楼梯边欣赏楼梯走廊的挂画，在三楼又遇到被问路的孩子。孩子一看见宋博士，立刻走过来，关切地问她是否找到了阶梯教室。宋博士感慨：“也许所有的孩子被问路都会热情告知，但五山小学这个孩子的追问让我感受到一种自然流露的人文关怀。”

“仁智少年”的提法源自学校的办学理念——海纳百川 仁智兼修。“海纳百川”有三层含义：一指海量阅读，不仅有中国传统经典，也有现代经典；不仅有中国文化，也有海外文化；不仅有人文方面的内容，还有科技方面的内容。二指学校像大海吸纳百川一样融合多方面资源，将校园周边的华南理工大学、华南农业大学、广东省地震局、广东省农业科学院等丰富的人文、科研资源整合利用，变为学校课程资源。三指师生具有大海一样宽广的胸怀、渊博的学识。

“仁智统一”是孔子的成人之道[②]，“仁”指关爱他人，完善自己；“智”指知识完备，才能多样。孟子认为“仁者爱人”，仁者是具有大智慧、人格魅力，善良的人。孔子弟子颜渊认为“知者自知，仁者自爱”。“仁智兼修”就是期望学生自爱自知，既有道德又有才智。

2013年，我校被评为广州市首批义务教育阶段“仁智教育”特色学

① 肖川：《什么是人文素养》，《教学月刊》2006年第18期。
② 涂又光：《中国高等教育史论》，华中科技大学出版社，2014。

校。我们将国学经典作为德育工作载体，构建“仁智德育”体系，培养学生“自爱、自律、自信、自强”的“四自”君子品格。“四自”是“仁智少年”的德行表现：自爱，指懂得爱惜自己的名誉与身体，懂得爱他人、爱集体，与人为善；自律，指敬畏规则，懂得自我约束，修己达人，反求诸己；自信，包括文化自信和自我信心，对民族文化有自信心和自豪感，对自己的发展有目标、有信心；自强，即自强不息，不怕困难，有为国家、集体、家庭承担责任的自觉性和使命感。

在第三届“粤派教育”名师高峰论坛上，清华大学殷雅俊教授听我汇报仁智德育后评价：五山小学的仁智德育把“仁”放在前面非常好。我们现在看四大文明古国在人类历史上的发展，唯有华夏文明绵延至今，就是因为中华文明中有“仁者爱人”“海纳百川”的核心要素。

## 二、仁智德育体系

### （一）体系架构

我主持了省德育重点课题“依托国学校本课程，构建仁智德育体系的实践研究”，通过两年多的研究，从德育理念、德育目标和德育实施三部分架构了仁智德育体系，其中德育实施包括德育原则、德育内容、德育方法、组织形式、德育网络5个方面（图4）。体系的构建解决了以往德育工作存在的目标不明确、内容零散、方法单一、组织不严谨、工作被动等问题，师生都有明确的目标、规划，学生还有达成目标的方法与路径，使得学校德育工作有抓手，方向明确，力量整合，提高了育人水平。研究成果在2018年获得广州市第五届中小学德育创新成果一等奖。

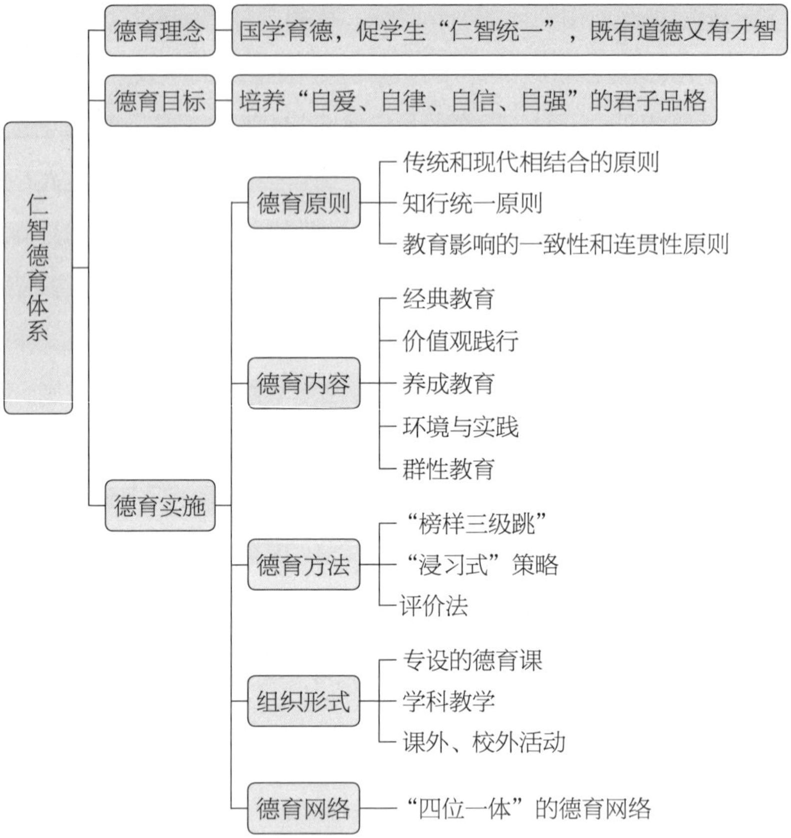


**图4　仁智德育体系**

课题结题时，专家高度肯定我们的研究成果，认为五山小学的仁智德育把握了新时代育人主旋律，突出了时代德育主题，在弘扬中华优秀传统文化、培育和践行社会主义核心价值观方面进行了积极探索，工作落到实处。该课题研究是在十几年国学教育基础上的一次质量较高的深层次的研究，是从实践到理论的深层思考，是对多年德育经验的深化、提炼，是广州市众多德育模式中的一颗明珠。德育思想简化成结构图，使人一目了然。量化研究与质性研究结合，能够通过问卷调查、访谈等收集数据，为研究提供依据。德育方法科学，“浸习式”策略符合德育规律，是生活化的浸润与渗透，更受学生的喜爱；“榜样三级跳”活动体系可操作性强，既有仰望的榜样，也有自己身边的榜样、让学生“跳一跳就够得着”的榜样，具有激励作用。

专家们也提出了建议，希望抓好课堂主渠道，抓好学科课堂渗透；要重视核心素养中的“主动发展”，激发被教育者的主体意识，让学生产生主动发展的内驱力，将“三结合”变成“四位一体”；要继续研究传统美德与当代教育、社会主义核心价值观、核心素养的关系。

### （二）德育内容

当前小学德育课程普遍存在碎片化、孤立化、临时化等问题，面临头疼医头、脚痛医脚的局面。比如，要迎接某个评估就赶紧抓文明礼貌教育，要创建文明城市就猛抓社会主义核心价值观教育，出现校园欺凌事件后才重视群育——建立和谐人群关系的教育等，说明德育课程缺乏系统设置。

《中小学德育工作指南》要求：“严格落实国家德育课程，用好地方和学校课程。要结合地方自然地理特点、民族特色、传统文化以及重大历史事件、历史名人等，因地制宜开发地方和学校德育课程，引导学生了解家乡的历史文化、自然环境、人口状况和发展成就，培养学生爱家乡、爱祖国的感情，树立维护祖国统一、加强民族团结的意识。”德育内容包括“理想信念教育、社会主义核心价值观教育、中华优秀传统文化教育、生态文明教育、心理健康教育”。我校根据国家德育要求和学生发展需求、国学校本课程优势，整体系统地设计学校德育课程，使校本德育课程系列化，提高德育工作的计划性、针对性。我校的德育课程既有国家德育课程，又有自己研发的德育特色课程，具体包括5项课程（图5）。

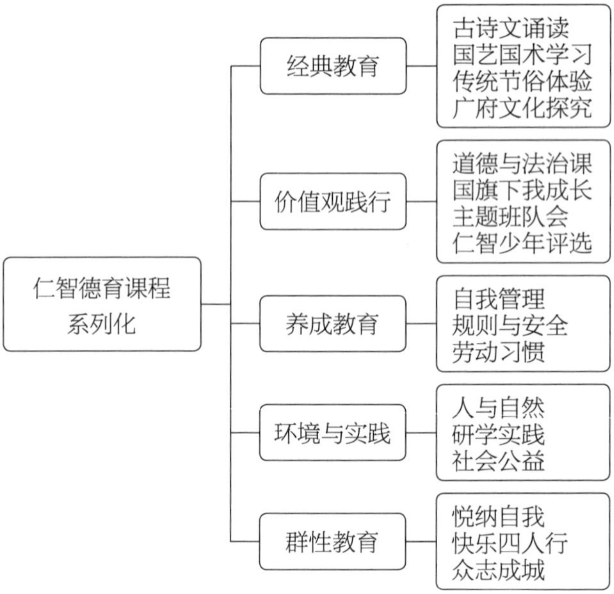


**图5　仁智德育课程系列化**

1. 经典教育课程。

经典教育课程包括古诗文诵读、琴棋书画等国艺国术的学习、了解传统节日与风俗、探究并传承广府文化。（此课程在“课程篇”有详细介绍。）

2. 价值观践行课程。

习近平总书记强调，要认真汲取中华优秀传统文化的思想精华和道德精髓，深入挖掘和阐发中华优秀传统文化讲仁爱、重民本、守诚信、崇正义、尚和合、求大同的时代价值，使中华优秀传统文化成为涵养社会主义核心价值观的重要源泉。

我校的价值观践行课程就是把国学经典中的主题思想与社会主义核心价值观对应起来，通过国旗下我成长、主题班队会、仁智少年评选等活动，引导学生在日常学习、生活中主动自觉践行主题思想。例如，学习“敬业”这一主题时，可以与学生的立志教育结合起来，引导孩子从小树立远大的志向，“志不强者智不达”“志小则易足，易足则无由进”。现在敬重自己的学业，将来敬重自己的专业，不断格物致知，才能为社会贡献智慧。

3. 养成教育课程。

养成教育课程包括自我管理、敬畏规则与敬畏生命、劳动习惯培养等。自我管理包括管理自己的学习用品、生活用品，管理自己的作息时间，自觉完成学习任务等。对于自我管理意识与能力的培养以及劳动习惯培养，学校要与家庭联动，齐抓共管。家长放手让孩子做力所能及的家务，让孩子体会劳动的价值，慢慢养成自己的事情自己做、家务劳动要分担等意识与习惯。学校开展劳动比赛，让孩子体会劳动的乐趣，认识到劳动是光荣的。对于班务劳动的分配，教师要讲究方法，既有轮流完成的任务，也有合作完成的任务，引导孩子形成“班务问题，我的责任”的意识。

规则意识要从小抓起，学校用每周流动红旗评比的方法，培养学生的文明行为习惯。学校充分运用儒家蒙学名篇《弟子规》《三字经》中的名言警句，指导学生对照践行。比如，针对《中小学生守则》中“勤俭节约”这一要求，可以诵读“衣贵洁，不贵华。上循分，下称家。”“一粥一饭，当思来之不易；半丝半缕，恒念物力维艰。”等，引导学生认识到勤俭节约这一传统美德在任何年代都不过时，应该成为每个人的生活习惯。

4. 环境与实践课程。

环境课程侧重培养生物多样性意识、生态平衡意识，通过让学生与华南理工大学环保协会的大学生合作调查空气污染、水质污染情况以及了解生态平衡被打破的典型历史事件，使其认识环境污染给人类带来的灾难，用切身行动爱护动植物，感受环境与生命的关系。

五山小学依傍茶山而建，十几年前茶山上树木繁茂，茶山周边的生态很好，校园内时常有蜥蜴出来活动，走廊的屋顶有燕子做窝。我们觉得这是非常好的环境教育契机。当学生读到“天何言哉？四时行焉，百物生焉，天何言哉？”等句子时，就引导他们明白四季万物都是按照一定规律运行的，人应该尊重自然，在保护自然资源和生态环境的基础上进行生产活动。我们让孩子写“校园里的特殊朋友”观察日记、广播站报道稿，引导孩子与这些小动物们和谐相处。我们从孩子们的日记中可以感受到他们对小动物的温情。

日记一：课间活动时，六年级2班的李某等在芒果树下发现一只小刺猬。它蜷缩着，样子很可怜。同学们猜它肯定生病了，小心翼翼地用小纸盒捧起它，拿给老师看。后来，老师带着同学们将它送到华南农业大学去治疗。

日记二：大雨不停地下着，这只猫头鹰飞了一整天也没找到栖息的地方。它实在太累了，终于抵挡不住风雨的侵袭，一头扎下来，落在我们学校的花圃里。幸运的是，它被几名少先队员救了。同学们抢着为这可怜的小家伙擦干羽毛，喂水喂食，还给它找来干净的纸盒做窝。第二天，落难的猫头鹰终于恢复了体力，我们高兴地将它放飞。

日记三：燕子妈妈真厉害，居然在我们六楼楼梯对着的屋顶的一根铁棍上做了窝，每天看到它飞来飞去地忙个不停。老师说，燕子妈妈可能生小宝宝了，提醒我们课间活动时不要惊扰它。我们都很好奇，小心翼翼地偷看。果然，过了几天，我们发现燕窝里伸出几张嫩黄的小嘴巴。呀，我们激动极了，仰着脖子数了好几次，发现了4只燕子宝宝。它们嗷嗷待哺，等燕子妈妈一回来，就争着要吃东西。一天，一只燕子宝宝不小心掉下来了。燕子妈妈和燕子宝宝都拼命地叫，我们也呼喊着想找人帮忙，可是谁也没有本事把燕子宝宝放回窝里。燕窝太高，而且坐落在楼梯对着的屋顶，连梯子都没法放。我们期盼燕子妈妈把小宝宝叼回窝里，但等了一天也没有等到。第二天，这只掉下来的燕子宝宝不见了，有同学说它可能被猫吃掉了。这让我们难过了很久很久。

实践课程主要指研学活动和社会实践。其中，研学活动以传统文化的探究为主题，例如，在春季带学生参访爱国主义教育基地，体验红色文化；在秋季组织探访广州古港古村落，感受地方文化；节假日，家庭联合组织社团与小队到农村参加春种秋收，到慈善机构送温暖；寒暑假，家长带孩子游览祖国名胜古迹。

**5. 群性教育课程。**

从广州市小学生的心理普查数据得知，当前儿童孤独感问题较为突出，大约三分之一的孩子有不同程度的孤独感。这引起我们的高度重视，需加强小学生的群性教育。

群性教育，亦称“群育”，是为建立和谐的人群关系而培养群性的教育，旨在促进个人的群化或社会化过程，培养对己对人都有利的社会行为与特性，使受教育者能够正确处理人际关系，适应其所生存的社会环境，过和谐的社会生活。民国时期，以蔡元培、梅贻琦为代表的一批学者，旗帜鲜明地提出群育思想。民国政府也提出“德、智、体、群、美”的“五育”教育方针。

我们的群育课程借鉴传统教育中“修己善群”思想，采用“悦纳自我”“快乐四人行”“众志成城”等形式组织教育教学活动。有孤独感的学生普遍缺乏自信，消极评价自己，看不到自己的闪光点，我们针对这种心理特征，设置“悦纳自我”的几个课程模块，让学生以过关积分的形式进行体验，获得自我肯定。“快乐四人行”是课堂交流和课外活动的组织形式，课堂上的讨论交流一般以四人小组为单位展开，教师有意识地安排宽容友善的孩子与内向自卑的孩子在一组，通过合作完成任务，让学生感受小组共同完成任务的愉悦。“众志成城”是让学生通过一些集体游戏感受合作的重要性。为提高儿童“处群”能力，消除孤独感，学校还建立了心理咨询机制，举办丰富的心理健康教育活动，针对孤独感较强的学生分批开展团体辅导，以改善学生的人际交往状况。学校通过“600工程”（放学后的兴趣选修课程）给孩子提供发展兴趣爱好的平台，孩子们在各种才艺学习、切磋中，增加了与更多人打交道的经验，也提升了他们的自我价值感。

系列化的校本德育课程既丰富、补充国家德育课程，又发挥五山小学的校本课程优势；既有必修的，又有选修的；既有长期的，又有阶段性的；既有群体共修的，又有个体自修的；既有课内的，又有课外的。内容全面，实施途径多样，形成一个针对学生的立体的思想道德教育“魔方”，能够更好地实现课程育人、活动育人、实践育人、协同育人的目标。

### （三）德育模式

我校的国学育德模式是“诵读—感悟—明理—内化—践行”，使学生在诵读经典时感悟其中的立身处世之道，并内化为自己的道德认知，从而在学习和生活中指导自己的行为。因此，经典学习的过程与小学生思想道德的知、情、意、行的形成过程是吻合的、一致的，这种一致性体现在以下几个方面。

1. 感悟——提高学生的道德认知。

孔子认为一个人首先要有丰富的道德认知，才能分辨善恶荣辱，决定取舍而不迷惑，才能把遵守道德规范视为自己内心的需要。古诗文中丰富的育人内涵会提高学生的道德认知。例如，学生学了“知之为知之，不知为不知，是知也”，就要做到考试时要诚信作答，遇到不会做的题目也不能想着通过欺骗手段获取答案；读了“见善如不及，见不善如探汤”，知道见到好人好事毫不犹豫地去学，见到恶人坏事立刻离得远远的；学了“取之有度，用之有节，则常足”，看到同学吃自助餐有浪费行为时，就提醒同学要“取之有度”，节约粮食。如此，学生逐步形成正确的道德认知，从而指导自己的行为。

2. 明理——激发学生的道德情感。

道德情感是指人们对事物爱憎、好恶的态度。如果道德认知未能上升到道德情感，那么这种道德认知一定是不稳固的。比如，诚信做人的道理容易明白，但要把诚信变成习惯、当成责任才更为重要。我执教六年级

“品德与社会”《假如生活中没有了诚信》这课时，将关于诚信的名言贯穿课堂始终。这是一节典型的将国学内容融入品德课程的融合课。我先用关于诚信的名言“人而无信，不知其可也”“诚者，天之道也；诚之者，人之道也”等引入，学生接着背出20多句关于诚信的名言。然后，我抛出两个引人深思的问题：你怎么看待“老人摔倒，没人敢扶”的社会现象？为什么很多中国人认为“只有进口的奶粉才让人放心”？我播放了“毒奶粉”新闻视频，介绍“老人摔倒被扶引争议”的案例，帮助学生了解事件真相后，再让学生分组讨论，进行小组汇报。大家发言很踊跃，从谈现象到分析原因，从身边的小事情到社会上的大事件，从简单的“对不对”到复杂的“怎么办”，逐步进行深层思考。小组汇报时，学生情绪激昂地批判“地沟油”“毒大米”“考试作弊”等现象。这时，教师就不能任由学生愤慨下去，否则，他们会感觉身边到处是欺骗之风，会缺乏安全感，所以我马上引导学生回顾前面讨论过的话题“诚信的回报”，对比社会主流现象，看看“正义群体宣战不诚信行为”的新闻等，让学生认识到不诚信的事件毕竟是个案，是文明社会的不和谐之音，不诚信一定会受到社会的谴责。这样，在讨论社会话题时，既不回避矛盾，又及时给学生输入正能量，学生对诚信的认识就更有定力，并唤起内心的责任感，决定要从自己做起，共建社会的“诚信大厦”。最后，我让学生仿照名人格言创作“我的诚信格言”贴到黑板上分享给全班同学。从学生的创作“以诚待人，必得其心”“诚者，通行天下；不诚者，寸步难行”等可以看出，学生摆正了崇尚诚信的态度。

### 3. 内化——增强学生的道德意志。

国学经典的熏陶使孩子们的自律意识得到增强。二年级学生陈某的妈妈说：“以前儿子写作业总要大人在旁边看着，否则他一会儿跑去看电视，一会儿去玩变形金刚。现在儿子写作业不需要大人监督了，还说‘君子必慎于独’。我们开始不信，后来才发现他果然能做到，还在书房墙上贴了这句名言，大概是他想在自己思想松懈时，用这句话提醒自己吧。”

我校的假日雏鹰小队“曈曈小队”被广州电视台称为“风雨无阻做好事的小队”，小队取名于王安石的《元日》“千门万户曈曈日”，以“回报社会的爱”为主题开展了丰富的社区服务活动。队员们不畏风雨、不畏寒暑，坚持服务社会，为茶山社区的老红军爷爷送温暖、到197路汽车总站打扫卫生、到钢研所社区清扫大楼、为街道清除“牛皮癣”、到岑村火炉山种下一棵棵树苗……“曈曈小队”真的像初升的太阳，把温暖和爱洒在学校、社区的每一个角落，被评为天河区“特色小队”。

**4. 践行——促成学生的道德行为。**

道德养成是一个知、情、意、行并存的过程，教师和家长要引导学生在道德认知和道德行为之间建立稳定的联系。一年级学生的家长看到孩子背诵《弟子规》后的表现，说：“记得有一次，我在做饭，孩子在玩，我随口叫他来帮忙。原以为他玩得正高兴不会来，没想到他却很快跑过来。我很奇怪，他却一本正经地说：‘父母呼，应勿缓；父母命，行勿懒。’我及时表扬孩子的表现，相信他以后会用这些话指导自己的行为。”

黄健老师用国学经典建设班级文化，鼓励学生面对挫折时“勿自暴，勿自弃，圣与贤，可驯致”，同学间相处能够“躬自厚而薄责于人”“君子求诸己，小人求诸人”。引导学生透过唯美的语言文字，窥见美的心灵世界，去追求宽容、豁达、美好。班上卢某的爷爷说：“我的孙子好动多话，经常口不择言，误伤他人。他又是个做事拖拉之人。在诵读《论语》中的‘子曰：君子食无求饱，居无求安，敏于事而慎于言，就有道而正焉，可谓好学也已’时，我告诉他，我们需要仿效的榜样应该是，生活上要低标准，不可奢华；工作上要高要求，做事不可拖拉；处事要慎为，待人要友好，不可出口伤人，要以‘敏于事而慎于言’为标准，经常对照，争取做个君子。在‘照镜子，找差距，学榜样’的作用下，小孙子的言行改变了很多，人际关系开始有了转变，与同学的敌对状态结束了。”

## （四）德育原则

### 1．传统与现代相结合原则。

如何把握这一原则？本书“决策篇”中在阐述“新国学”时也讲述了我们的探索。传统文化教育是当代教育的一部分，传统文化中具有永恒价值的思想观念、道德规范要为今天所用，对有争议的内容则要进行辨别或赋予新解，同时还要把当代的先进文化补充进来。北京师范大学黄济教授在其文章《在中小学如何开展国学教育》中谈到“古为今用”问题，他说：“习近平总书记最近用了三句诗词来说明我国的过去、现在和未来：过去是‘雄关漫道真如铁’，今天是‘人间正道是沧桑’，未来是‘长风破浪会有时’。仅仅用了三句诗共二十一个字，把一个苦难的旧中国和当今的发展及未来的希望讲得明明白白、清清楚楚，为我们树立了一个学习国学的范例。我们就是要用科学的发展观来教育青少年勿忘过去、勿愧现在和勿负未来。”①

我校教师在探索“传统与现代相结合”的过程中有了自己的做法与思考。例如，让古老的传统文化“年轻化”“趣味化”，以少年儿童喜欢的方式传播给少年儿童。陈莹莹老师说：“现在的学生，生活在一个互联网时代，接收的信息十分庞杂，但并不意味着眼界就能有所提高。要形成正确的人生观和价值观，需要师长们进行正确的引导。作为国学老师，我们要正确认识中国优秀传统文化，不藐视传统，不轻视孩子。一方面，国学教育作为一座连接过去与现在的桥梁，能够有效修补现在与过去历史之间的断裂；另一方面，一个人无论身处何地，都必然要面对自己所赖以生存的社会的习俗、规范、思想和潮流。国学是古老的文化，认识传统才能更好地把握现在，但它可以‘年轻化’，要思考如何提高它的传播力，让现代儿童感兴趣。如果国学的趣味跟儿童的趣味发生冲突，那就得思考是不

---

① 黄济：《在中小学如何开展国学教育》，《课程·教材·教法》2015年第2期。

是国学传播方式的问题、是不是老师引导方式的问题。我们的国学课堂不停留在字义解释、读读背背上，而是采用讲故事、情景游戏、思维导图等现代教学方式，提高学生的课堂参与感，让他们感觉到国学课堂是有趣且丰富的。我在教学中让小学生吸纳国学知识的同时，还让他们感受到知识背后的思想、情感是一直绵延至今的。例如，学习爱国主题的诗词时，在孩子们了解了文天祥、岳飞、戚继光等爱国英雄的事迹之后，可以引出新时代的楷模人物孔繁森、袁隆平、钟南山等，让孩子们认识到中华儿女的家国情怀代代相传。我能在课堂上看到孩子们激动的眼神，这就是民族自豪感，是孩子们的共同情感。国学走进了校园，让孩子们意识到中国传统文化看起来远，其实也很近，这已成为他们学习生活不可或缺的一部分。”

传统与现代相结合还包括“兼收并蓄，融汇中西”。弘扬中华民族传统美德，并不是妄自尊大，故步自封，排斥、贬低其他道德体系的精华。相反，中华民族传统文化具有包容性和开放性的特点。它可以在马克思主义指导下融汇中西，使中国与世界沟通。[①]

2. 知行统一原则。

陶行知先生说，行是知之始，知是行之成。可见，知行合一而不可分。我们常常发现，学生在网络时代获得的知识很多，知道的道理也很多，但自觉践行道理的行动却跟不上，或凭着自己的情绪、兴趣做事，或在诱惑、困难面前放弃准则，或批评别人一大套，却看不到自身的问题。针对这些现象，我们开展了“让国学走进孩子生活的实践研究”，结合低、中、高年段特点，确定“明规则—懂事理—悟哲理”的修养目标，选择国学走进生活的具体内容，设计实施方法与途径。《弟子规》是一部全面呵护儿童健康成长的宝典，周到细致的各种要求看起来是“约束”，其实都是饱含深情的“关爱”，从一日作息（“朝起早，夜

① 侯怀银：《德育传统的当代价值》，湖北教育出版社，1996。

眠迟”）、个人卫生（“晨必盥，兼漱口”）、家庭生活（“亲有过，谏使更”）、学校求学（“心有疑，随札记”）、社会交往（“人不闲，勿事扰”）、安全意识（“斗闹场，绝勿近”）等各个方面告知孩子如何做，我们挑选其中的主要规则与学校“文明班”评比细则对应起来，制定“国学经典导我行”评比方案（表5）①，促使儿童养成良好的品性和习惯。课题中期举办“生活中的国学”漫画展和传统节俗手抄报评比，召开“古诗文对我的影响”学生座谈会，举办“国学经典在我班”班会观摩，了解国学在孩子们生活中的作用，不断反思、完善实施方案。课题结题时组织“我和国学的故事”故事会，举办教师征文“课堂中的国学”、家长征文“国学经典在我家”等活动，多角度展示国学走进学生的学校生活、家庭生活、社会生活的效果。实施途径既有让学生看的、想的、写的、做的等活动，也有师长参与的活动。国学实验一直要求教师与学生同读同诵，教师要带头践行经典诗文中的道理，言传身教，让孩子们感受到国学与生活的联系。

**表5 “国学经典导我行”评比方案**

| 《弟子规》中的规则 | 评比项目 | “文明班”评比细则 |
|---|---|---|
| 路遇长　疾趋揖　长无言　退恭立<br>兄道友　弟道恭　事诸兄　如事兄<br>人有短　切莫揭　人有私　切莫说<br>良言出　冬亦温　恶语吐　箭穿心 | 举止文明 | 坚持讲普通话，用好礼貌用语，见到师长主动问好，同学间言语文明 |
| 身有伤　贻亲忧　斗闹场　绝勿近<br>邪僻事　绝勿问 | 注意安全 | 有安全意识，课间不追逐打闹，不玩危险游戏；课后不去是非之地，远离不良信息 |
| 朝起早　夜眠迟　晨必盥　兼漱口<br>便溺回　辄净手　房室清　墙壁净<br>几案洁　笔砚正 | 生活自理 | 按时作息，注意个人卫生，不乱扔垃圾，做好教室、书房的保洁 |
| 冠必正　纽必结　袜与履　俱紧切<br>衣贵洁　不贵华　上循分　下称家 | 仪容整洁 | 着装符合少先队员的身份，整洁朴素，佩戴校徽、红领巾上学 |

① 贺立群：《让国学走进孩子的生活》，五山小学国学教育论文集（内部资料），2019。

（续表）

| 《弟子规》中的规则 | 评比项目 | “文明班”评比细则 |
|---|---|---|
| 凡出言　信为先　诈与妄　奚可焉<br>奸巧语　秽污词　市井气　切戒之<br>见未真　勿轻言　知未的　勿轻传<br>事非宜　勿轻诺　苟轻诺　进退错 | 诚信待人 | 讲诚信，不说粗言秽语，不轻信传言 |

在“国学经典在我班”班会观摩中，可以看到班主任和孩子共同搜寻与班会主题相关的古诗文。这种收集、整理资料的过程就是一个很有效的学习应用过程。传统文化内容浩瀚，可以找到很多适用资料，使班会内容非常丰富，也聚焦主题，对学生的教育很深刻。比如，黄莹秋老师的班会“百善孝为先——国学教育促进孩子孝顺父母传统美德的养成”，以孩子们背诵《论语》中的“入则孝，出则悌，谨而信，泛爱众，而亲仁。行有余力，则以学文”引出主题“百善孝为先”，然后通过配乐吟唱《游子吟》，引导孩子们讲出他们生活中的亲情故事，进一步感悟父母之爱、长辈之恩。接着，孩子们回忆以前学过的关于孝敬父母、尊敬长辈的名言，如“慈鸦尚还哺，羔羊犹跪足。人不孝其亲，不如禽与兽”“事父母，能竭其力”“老吾老，以及人之老；幼吾幼，以及人之幼”“谁言寸草心，报得三春晖”等，让孩子们畅谈自己在实际生活中是怎么感悟和实践的。最后，教师引导孩子们明白，尊敬长辈、孝敬父母是中华民族的传统美德，是做人的基本准则，要代代传承发扬这种美德。班会中运用的古诗文名句言简而意深，比简单的口语化说教更有感染力。

**3. 教育影响的一致性和连贯性原则。**

第一，校内各方面的教育要求要保持一致，班主任、国学老师、科任老师等既要树立国学能够滋养学生心灵的信念，又要掌握国学促进学生成长的方法。第二，学校要密切联系家庭和社会，让家长深刻认识国学对孩子成长的价值，统一、协调对学生的教育影响。第三，学生思想品德的形成必须经过一个长期培养、循序提高的过程，要运用有序性原理，根据儿童身心发展的特点和水平对学生提出系列化的教育内容和要求。

## （五）德育方法

德育方法不同于语文、数学等课程的教学方法，更重视学生的体验与实践。五山小学的“榜样三级跳”活动体系和“浸习式”道德教育策略就是重在实践的德育方法。

榜样在儿童成长中具有非常重要的作用，尤其在正确价值观的培养和良好行为习惯的养成上，往往更有引领、感染、激励的力量。五山小学的“榜样三级跳”是一个活动体系，以“找榜样—学榜样—当榜样”为主线（图6），让学生在“见贤思齐，见不贤而内自省”的一系列活动中积极向上，健康成长。

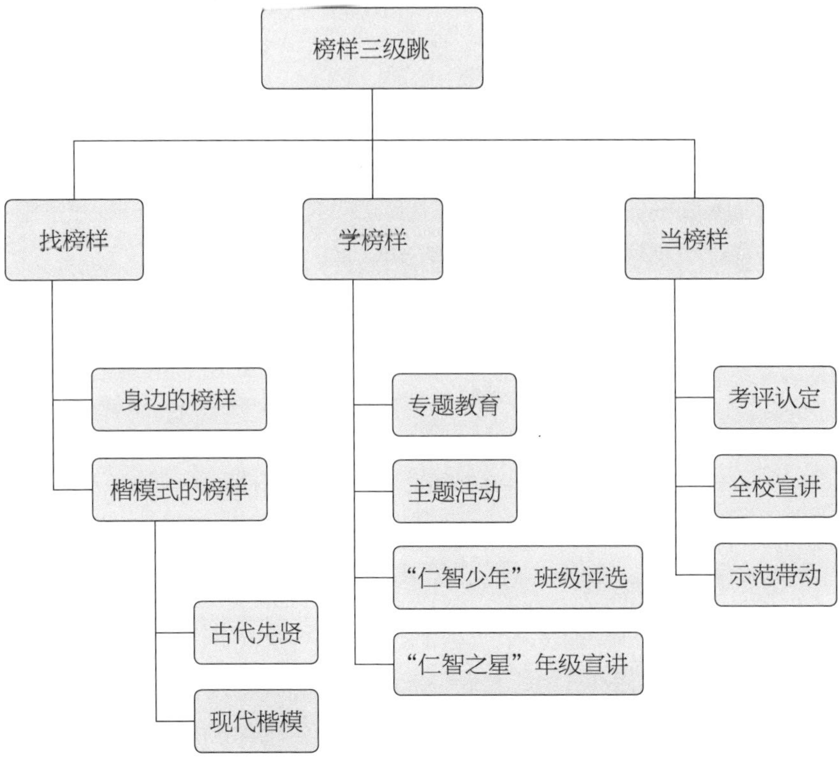


图6 “榜样三级跳”活动体系

**1．找榜样，积蓄成长力量。**

新时代的少年儿童心目中有榜样吗？他们会选择谁当自己的榜样呢？我们曾对二年级至六年级的800名学生做过问卷调查，回收有效问卷715份。从统计的数据（图7）了解到，100%的孩子心中都有榜样，这是令人欣慰的，说明孩子们都有发展自我的目标与追求。孩子们所选榜样的类别很多，其中，选古代圣人先贤的占38.1%，选革命英雄的占12.8%，将老师、明星、文学家等作为自己榜样的也各占9%左右。这说明孩子们心目中的榜样是多元化的。

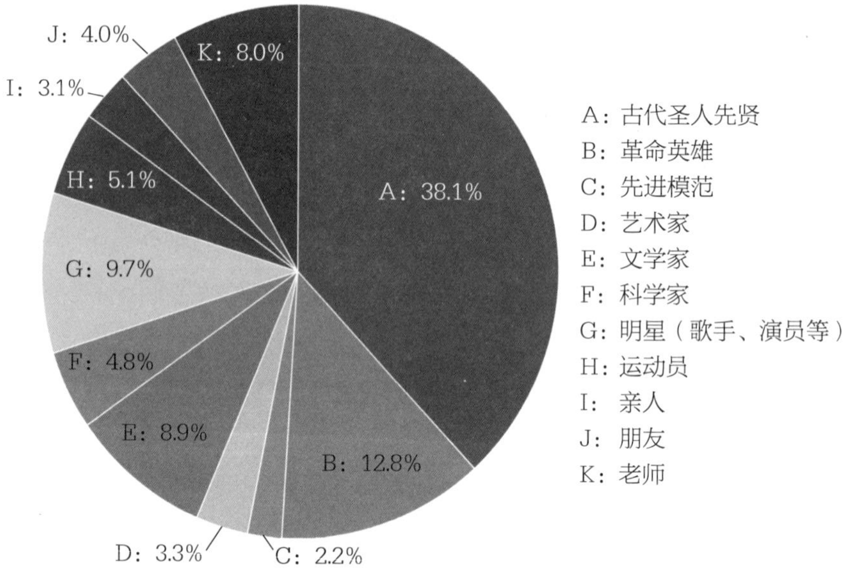


**图7 “我心目中的榜样”问卷调查统计结果**

为什么选他们作为榜样呢？希望从他们身上学到什么呢？为了了解孩子们的心理动向，我们给学生创建了一个“介绍我的榜样”交流与分享平台。各班开展“读榜样” 阅读活动，读人物传记，讲人物事迹，演人物故事，然后学校大队部分年段举办“我心目中的榜样”展览，有低年段的“画说榜样”、中年段的“文写榜样”、高年段的“报绘榜样”。

从学生的介绍、展示可以看出，学生对榜样都是有所了解的，而且也能找到榜样身上的精神、品质。比如，有些学生心中的榜样是孔子，并有相应理由。一个学生说："孔子非常有学问，他说的那些名言名句太好了。孔子一生好学，周游列国时一路读书、教书，贫困交加时读书，年老体衰时仍在读书。"另一个学生说："孔子最重仁爱，总是劝人做君子。他是真正的讲仁爱、有学问的君子，但他很谦虚，说'文，莫吾犹人也。躬行君子，则吾未之有得。'"六年级的东燊同学说："我的榜样是周恩来总理。每当我们提起这个名字就感到温暖、自豪。周总理是全国人民最敬爱的好总理，因为他心里永远装着人民。1966年，邢台地震，周恩来到震区慰问。那时天气很冷，当他发现群众是迎风听讲时，马上让大家集体向后转，自己则迎风站立，让寒风直面自己。在他心中，人民是排在第一位的。我要学习周总理时刻为他人着想的品德。"有的学生把影视明星当作自己的榜样，教师引导他们，不光要看到明星的光鲜，还要看到他们身上的好品质。有的学生把自己班的老师选作自己的榜样，三年级的一名学生说："我的语文老师熊老师特别爱我们，关心每个同学的成长，像个大姐姐一般亲切，上课很生动。全班同学都很喜欢熊老师。'亲其师，信其道'，我连写字都模仿熊老师的笔迹，练出了修长而端庄的字体。妈妈说我的字真的像熊老师的字。"

2. 学榜样，完善自我品质。

榜样有一种向上的力量，是一面镜子，是一面旗帜。学生要想在榜样的感召下不断进步，学榜样是最重要的一环。大队部开展一系列"学榜样，争当仁智少年"活动，激励学生完善自我，成就自我。

学校依照《中小学生守则》，确定"爱国爱党""孝亲尊师""自强自律""好学多问""勤俭节约""明礼守法""诚实守信""勤劳笃行""珍爱生命"9个评选主题，形成仁智少年评选方案。评选时主要考查仁智少年的9个素养（图8），即孝、忠、信、畏、俭、勤、问、律、礼。仁智少年的表现不是要求9个素养都出色，而是某些素养突出，这样就可以成为大家学习的榜样。比如，某个学生特别勤俭节约，虽然他学习成绩不够突出，但他可以参评“勤俭节约仁智少年”。

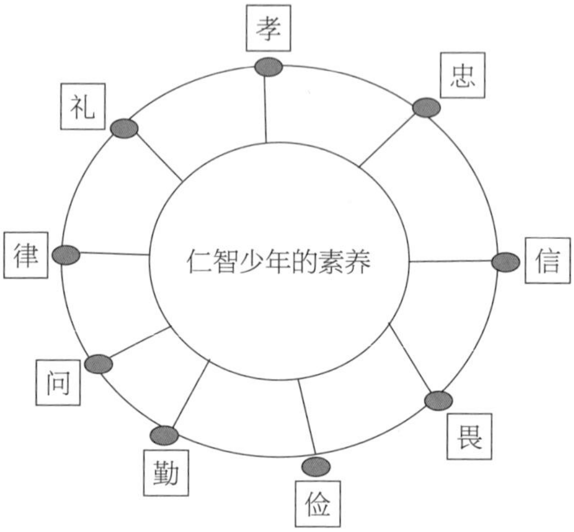


**图8　仁智少年的素养**

学校结合以上9个主题，每月都举办相关活动，为学生形成这些良好素养提供精神食粮。

（1）用故事触动内心。针对小学生喜欢听故事的特点，学校开展了讲故事、演故事活动，邀请“广州好人”——广州海关驻内港办事处的张文佳走进校园为师生讲故事；组织经典美文诵读队展演《高山上的藏波罗花》，用经典诗文串成情景剧，讴歌把生命献给高原的植物学家钟扬，为孩子们生动诠释“不忘初心、不忘誓言”的内涵，让学生看到榜样身上的“爱国敬业”品质。

（2）在庆典中激发情感。9月的教育主题是“孝亲尊师”，结合教师节和9月28日孔子诞辰日举办“我心目中的好老师”诗歌朗诵、“走进《论语》，感受圣贤智慧”名言接龙比赛，赞颂教师诲人不倦的精神。10月的教育主题是“爱国爱党”，因此举办“辉煌七十载，追梦五山人”歌唱比赛、“红领巾与祖国共成长”大队委竞选等活动，激发学生的民族自信心和自豪感。

（3）与名家面对面。我们邀请著名科学家王渝生走进校园讲“可怕的科学”，激发学生探究世界的兴趣；邀请著名儿童文学作家梅子涵、吴然等走进校园，与小读者面对面交流，用他们的成长经历引导学生懂得只有“勤学笃行”才能成才的道理。

（4）用同龄人的展示深化教育。国旗下讲话一改以往教师讲学生听的被动、低效做法，采用“一个中队一台戏”的形式，每个中队负责一个主题，在国旗下以朗诵、歌唱、快板等艺术形式展示中队对这个主题的认识与践行。中队全员上台，既给了中队队员锻炼和展示的机会，又采用同龄人喜闻乐见的方式诠释主题，使台上、台下的队员都深受教育。

（5）在体验中铭记教训。“珍爱生命”主题教育活动贯穿整个学年，在“穿越火线”消防演练、地震疏散演习、防暴反恐演练中，以正反案例分析的形式，让学生在内心铭记教训、敬畏规则、敬畏生命。

**3. 当榜样，感受榜样力量。**

榜样要通过每月的“仁智少年”“仁智之星”评选产生。每个月末，各中队结合“孝、忠、信、畏、俭、勤、问、律、礼”九大素养中的一个素养进行“仁智少年”的评选，推荐出本月榜样人选，先在中队展示，然后推荐到级组进行演讲和投票，再通过全校讲故事、投票，选出“仁智之星”，最后向师生、家长公示、宣传。这些被推选出的“仁智之星”要向别人分享自己“当榜样”的成长故事。六年级的聂睿同学说：“我的榜样是包拯，包大人做到了‘惟公则生明，惟廉则生威’，他的公正廉洁赢得了百姓的信赖与敬重，所以人们都称他‘包青天’。我是班里的管理员，我知道，只有自己遵守规矩，保持清白，才能带动别人，否则，别人不会服从我的管理。所以，处理班务时，我努力像包公那样，公平公正，处处带头，逐渐赢得了他人的依赖，被同学们推荐为‘仁智少年’。”“仁智少年月月选”活动把抽象的“仁智”素养变成可看、可听、可说、可摸、可学的具体形象，贴近学生实际，使学生觉得亲切、可信，富有感染力与激励性。

“榜样三级跳”活动体系为学生搭建了成就自我的舞台，让学生经历了查阅、选择、模仿、学习、反思、展示、宣讲、评选等过程，活动范围从自我、家庭、班级扩大到年级、全校，学生受到的教育是多方位的、深层次的。孩子们都有向善向好的一面，个个都想成为榜样，“榜样三级跳”活动体系既给了他们可学习、模仿的样板，身边新榜样的成长又给了他们发展自我的信心。榜样一个接一个地涌现出来，榜样队伍像滚雪球一样不断发展壮大，形成一个人人是榜样的良好氛围，助力所有孩子的成长。

### （六）德育组织形式

德育组织形式包括专设的德育课程、学科教学、课外与校外活动等。其中，专设的德育课程有道德与法治课、国学课、班会、队会、晨会、主题活动等。下面侧重介绍道德与法治课、班会、队会、课外与校外活动。

**1. 道德与法治学科与国学课程的整合课。**

这种整合课往往是用学生熟记的经典句子来明理导行，使道理自然而然通达学生心灵。例如，二年级的道德与法治教材中有一课《班级生活有规则》，黎玉娴老师从教材出发，开发、利用学校国学教育特色资源，用学生熟悉的《弟子规》导入，以“仁智少年”的评比作为课后践行目标，让学生明白班级规则对于公共生活的意义。课堂上，各个环节以学生为主体，将国学元素贯穿其中。小组汇报时，学生引用“冠必正，纽必结”“读书法，有三到。心眼口，信皆要”来说行为准则，既扣住本节课学习内容，又贴近他们的生活。另外，课堂使用的图片、视频、故事等，大部分是走路站立、图书借阅、穿着打扮等学生真实生活的情景再现，用学生日日所诵的国学内容“步从容，立端正”“列典籍，有定处。读看毕，还原处”“衣贵洁，不贵华。上循分，下称家”等说明举止要遵守场合规则、合乎身份要求。孩子们用自己背得滚瓜烂熟的经典句子来提规则，使这些规则既精简易记，又深入每个孩子内心。

2. 班会、队会。

班主任围绕“明礼守法”“勤劳笃行”等9个主题开展班会、队会。低年段班主任陈景老师引导学生用蒙学读物中的名句制定“班级公约”，使班风发生改变。她说：“在大家的印象中，一、二年级的孩子往往是最调皮捣蛋的，他们的注意力很难长时间集中在一件事情上，自控能力也不强，总有孩子在课堂上捣乱，同学之间也容易发生摩擦。在教他们学习了《弟子规》《三字经》后，我让孩子们分组选出关于为人处世的句子作为‘组规’。有的组选‘香九龄，能温席。孝于亲，所当执。’提醒组员要懂孝道，有的组以‘子不学，非所宜。幼不学，老何为。’提醒大家要认真学习，有的组用‘凡是人，皆须爱’提醒同学友善对待身边人。8个组的‘组规’组成了我们的‘班级公约’，各组之间、组员之间互相监督执行。这种新式规定来自孩子们自己，必然激发他们自觉遵守的责任感，班风明显改善。”

3. 课外与校外活动。

活动既有全校性质的大活动，也有社团、小队的个性化活动。我们组建了近30个社团，利用课外时间开展活动，例如中华武术社团赴深圳参加武当大学堂的“太极功夫公益行”活动、学生结队“行万里路”体验活动、走进博物馆、走访祖国壮美河山等。

## （七）“四位一体”的德育网络

以前的德育网络强调学校、家庭、社会的“三结合”，往往忽视了被教育者自身这一维度。仁智德育强调要激发被教育者的主体意识，让学生产生主动发展的内驱力，建构自己的道德认知，养成良好的行为习惯，变“三结合”为“四位一体”。

“四位一体”中的家校结合如何做？仁智德育探索出的“牵千计划”值得推介。

“牵千计划”源于一段特别的经历。我有幸认识了武当山的云鹤道者胡小沙老师，跟着他研读武当文化、道家学说、太极哲理。胡老师用《易经》注解“四书”，很精深，国内外公益讲学百余场，拒绝不了的报酬全部捐献。胡老师讲《易经》非常生动。有时，他单独给我一个人讲课，我生怕浪费了老师的时间与精力。胡老师说，教我一个人可辐射一千多人，是很有价值的。我由此想到了“牵千计划”，一千个孩子带动一千个家庭，家庭带动社区，确实很有价值。《完善中华优秀传统文化教育指导纲要》指出：“开展中华优秀传统文化教育要坚持学校教育、家庭教育、社会教育相结合。既要发挥学校主阵地作用，又要加强家庭、社会与学校之间的配合，形成教育合力。”家庭是社会的细胞，家庭参与了国学教育，家庭的国学素养好了，社会的文明程度也会跟着提高，从而为孩子们营造一个更好的成长环境。

如何牵动家长？我们通过各种专题培训、家长介绍经验、学生现场展示等途径从不同层面让家长认识到传统文化对孩子品德修养、习惯养成的重要意义，发动家长共同参与传统文化的学习与传承。每一年的新生家长培训，我必会向家长介绍学校的国学课程，播放学生参加相关活动的视频，并安排二年级的学生现场展示入校一年来学习国学的效果。家长们看后无不赞叹孩子的学习能力。很多家长既怀疑又期待地说：“我的孩子也能成为这样的学生吗？”

学校每年举办“经典浸润心灵，艺术燃亮生命”的艺术节活动，安排家长与孩子共同背诵国学经典，共同登台用歌舞、说唱等形式表现中华经典文化的精深；校报《子衿报》和班刊《子衿集》向家长广泛征集典型个案，举办“国学经典在我家”“好家风”征文活动；建立家长主题学习交流的培训制度，倡导家长通过言传身教，形成爱国守法、自立自强、勤俭持家、邻里和睦的良好家风。

我们收到上千份“国学经典在我家”征文，很多文章写得生动、感人。以下是家长的征文节录。

## 孩子唤醒我内心的善良——国学经典在我家

朱子霖爸爸

子霖在五山小学学习国学也有好几个年头了，我亲眼看着她从一个小女孩变成一个优秀的、知书达礼的大姑娘，是五山小学这块肥沃的土地孕育了她的优秀！

记得有一年冬天，离春节也不远了。早上6点多，天气寒冷，下着毛毛雨，我送子霖去上学。从村道缓慢开车出去时，依稀看见前面有一对行走很吃力的中年夫妇，男的挑着两袋东西，女的背着一个大背囊，一看就像是去赶火车回家过年的打工夫妇。这时子霖在后座也看见了，连忙对我说："爸爸，您今天要到火车站那边办事的吧？"我说："是啊，怎么啦？"她说："你能不能捎上前面那对叔叔阿姨啊，他们好像要去坐火车，行李蛮重的哦，反正你也顺路啊。"我说："好吧！"然后我就在这对夫妇旁边停下了车，跟他们说明了情况，然后请他们上了车。我送子霖到学校后，就把他们顺利地送到了火车站。是啊，为什么平时我们对一些需要帮助的人熟视无睹呢？因为我们长大了，有一颗坚硬的心，更有一颗害怕被拒绝、害怕被伤害的心！而我们的孩子，因为学习了国学，知道了如何去帮助有需要的人，知道了"老吾老，以及人之老；幼吾幼，以及人之幼"的含意……

很多时候，做好事只是举手之劳，可是如果我们不去做，这个世界就会少一点光、少一点热。孩子唤醒了我内心的善良，让我重新感悟"勿以善小而不为，勿以恶小而为之"。

## 国学已成为我和孩子的共同导师

陈纪宇妈妈

国学教育已经成为我们家庭生活的一部分。每天孩子在学校学习国学，但学习后如何巩固呢？最有效的方式无非是让他们在生活中感受它、接纳它，进而内化到自己行为中。为了达成这个目标，我们家每年暑假、寒假，都会鼓励孩子翻背已经学习过的国学经典，长期“学而时习之”，我们经常将背诵国学经典的时间安排在家庭旅游或周末带孩子外出玩耍的车程中，一举两得，既不占用孩子的日常时间，家长也有机会一起学习。孩子稚嫩的童声往往是我们旅途中最好的音乐，双方交流的过程往往是价值观的激烈碰撞，也是最好的家庭文化写照。

国学已成为家长、孩子成长的共同导师。以前我们经常到处寻觅教子良方，现在看来，和孩子一起学习国学，在生活中践行国学理念，家长在自省中“止于至善”，和孩子一起“致知格物”，难道不是一个好的方式吗？六年级的孩子已经有一些“叛逆”的表现，但当双方有了共同的语言后，有同一个老师培养起来的“同门情谊”时，父母和孩子沟通起来障碍就较少了。

## 孩子带着我读经典

徐冠华家长

五山小学推出“你我都读国学”的行动，我发现，我和儿子都有了变化。国学的学习，促进了我和孩子的亲子关系，亲子相长。因为要完成背诵任务，孩子经常缠着我，要我和他一起诵读国学。背诵《笠翁对韵》时，他背“河对汉，绿对红”，要我接“雨伯对雷公”，我被迫先去强记一番。在孩子的带动下，我去读孩子的国学书，觉得那些诗文真值得反复读，字句很美，内涵也好。经过这样几次强记后，我居然也背下了“一东”大部分内容，也能跟孩子你一句我一句地接背韵文了。所以我和孩子的感情也得以升华，而且我得此机会重温国学，既受教育，又缓解了工作压力。另外，儿子的阅读兴趣和能力大为提高。孩子能主动找书读，甚至在休息时间，也安静地阅读书籍，真的是奇迹。孩子的视野开阔了，有时讲话、发言时还会引经据典，作为家长的我，喜出望外啊！

### 真正领悟“养不教，父之过”

周雨楠家长

教育更注重相互的影响，比如，父母与孩子的相互影响。孩子读《三字经》时，我们听着听着，就觉得好多话是劝告我们家长得带头践行。比如，“养不教，父之过”这句话让我们反思，以前我们总是在催促自己的孩子好好读书，别玩手机，少看电视，嘴里还说着“勤有功，戏无益”，可是自己却在不停地按着手机屏幕，这怎么能教好孩子呢？所以，每当孩子学习时，身为父母的我们都“乖乖”地坐在一旁，看看书，还不时把书中好的句子记在本子上，希望能潜移默化地影响孩子。久而久之，孩子已经养成了每天阅读的好习惯。

## （八）德育反思

### 1. 如何贴近儿童实际，把握德育规律?

苏霍姆林斯基说，道德准则，只有当它们被学生自己追求、获得和亲身体验过的时候，只有当它们变成学生独立的个人信念的时候，才能真正成为学生的精神财富。信息时代，学生获得的信息多，思维越来越活跃，单纯的说教很难触动学生内心，单调的德育方法也不受学生欢迎，必须创新德育路径。经典诵读要与学生的自我教育相结合，给学生创造各种自我体验的机会，使其在亲身体验中完善发展。例如，要培养“乐以天下，忧以天下”的社会关爱精神，如果只是动员学生为困难人士捐款，很多孩子不太积极，但如果换成“爱心义卖”的方式，孩子们则个个踊跃，筹得的款项是单纯捐款的几倍。

小学生处于是非观念不牢固、善恶美丑的判断能力不足的年龄阶段，容易出现行为偏差或反复犯错等问题，教师要从儿童视角看儿童行为，他们可能是出于好玩的心态，或是管理不好自己的情绪，也可能是受错误行为的诱导，等等。总之，不要随便对孩子的错误行为定性，而要正确引导、反复引导。

另外，新时代的学生个性更加鲜明，思想道德发展的个性化需求更多，德育工作应该关注每个学生的发展。

2. 如何应对社会不利因素对德育工作造成的冲击?

在社会发展的新形势下，价值观多元，文化多元，整个社会人文精神需要重构，中小学德育必然会受到各种不利因素的冲击。部分家长错误的价值观、错误的育人方式经常让学校德育工作者疲惫不堪，而“爱贪小便宜”“投机取巧”等社会不良风气则对儿童产生很多负面影响。

一年级学生周某妈妈的体会引人深思：这世上没有什么灵丹妙药，尤其是在教育上，国学教育也只能作为一种教育的方法，而不可能包治百病、无往不利。只有把国学教育落实到家庭、生活当中，才能产生事半功倍的效果。《弟子规》“首孝悌，次谨信”，简单的6个字，在现在的社会，真正能做到的人又有多少呢？自己能做到，并把这些当作行为准则教育、要求子女的家长又有多少呢？培养一个好品格不容易，破坏它却往往在不经意之间。这几天，我经常和孩子一起坐公交车回家。一天，她说：“妈妈，先不刷卡，如果司机叔叔要求的话再刷卡。”我很吃惊，问她怎么会想起来这样做，我们一直刷卡的啊。她说听别的大人这样讲的，可以省钱。我严肃地对她说：“孩子，你已经超过1.2米了，按规定就要刷卡交钱，不能抱着侥幸心理去省这一两块钱，要诚实守信，不能投机取巧。”她似懂非懂地点了点头。虽然这是一件小事，却让我想了好久，为何她以前身高不够不用刷卡却非要刷卡，已经刷卡半年到现在却想逃避呢？我想，内因、外因的作用都有吧。如果不及时坚决制止和纠正这种行为，会发展成什么样呢？俗话说“小时偷针，长大偷金”，虽然也许不至于这样严重，但这样的行为确实需要我们家长高度重视，以预防从量变到质变。

世风有待净化的环境下，虽不能把国学经典当作灵丹妙药，但读经典却能让人心沉气定。四年级学生徐冠华的家长说：“当代社会，低俗读物泛滥，电子产品泛滥，生活在这样的环境下，非常容易滋生浮躁、冷漠、戾气，有些孩子甚至会产生困惑和焦虑。希望我的孩子经过国学的熏陶，能够走近圣贤，领悟智慧，能够‘知止而后有定，定而后能静，静而后能安，安而后能虑，虑而后能得’，做一个有定力、能自律的读书人。”

### 3. 如何建立科学系统的德育评价体系?

小学生思想道德形成的过程是缓慢的、长期的，不可能有立竿见影的效果，也不能简单地通过考试检测成绩。如何评价德育实效？如何鉴定儿童的思想道德状况？这就需要我们思考，如何利用现代信息技术为学校日常品德评价服务，在评价的维度、评价的主体、评价的时间与空间、评价的显性与隐性结合等方面，深入研究，建立科学系统的德育评价机制，完善整个德育工作体系。

“一年之计，莫如树谷；十年之计，莫如树木；终身之计，莫如树人。”立德树人工作是一项长期、复杂、综合性的工作，要有持续研究、坚持探索的精神。

学生篇

# 腹有诗书气自华

孔子说：“文质彬彬，然后君子。”文采和德行兼备，性情与礼仪俱佳，才称得上真正的君子。我们的学生正朝着这个方向努力，“虽不中，不远矣。”学生日复一日、年复一年地诵读经典，越来越喜欢祖国的优秀传统文化，能自然而然地用国学经典中的道理指导自身为人处世，言行举止都透着儒雅的风范。

# 一、五山学子的特质

## （一）腹有诗书，胸怀远志

有一次，我参加“百千万人才培养工程”名校长办学思想论坛，点评专家问我：“你的学生读了那么多经典诗文，有什么特质吗？”我说：“腹有诗书，胸怀远志。”

苏轼在《和董传留别》中说：“粗缯大布裹生涯，腹有诗书气自华。”五山小学的孩子个个腹有诗书，他们也有苏轼说的那种儒雅气质。这并非虚夸，而是经典浸染的必然结果。刘梦溪先生说：“就个人的修养而言，阅读经典文本，是使阅读者经历一种文化濡化的过程，它可以改变人的气质。受传统文化资源熏陶比较多的人和受熏陶比较少的人，其气质风度是截然不同的。朱熹就说过，读书的目的之一就是让人变化气质。读古人书，与古贤为伍，是一个人精神境界高尚的表现，可以提示人们不要堕入俗流。有时我们称赞一个人的文章写得好，会惊叹地说是古人的文章，这是极高的赞赏。古贤、古书都是传统文化积淀的代称，接触多了，势必使一个人的气质发生变化。很多人都发生气质的变化，一个时代的社会风气就会随之发生变化。所以阅读本民族的文化经典，对个人来说，可以变化气质；对社会而言，可以转移风气。”[①]

北京四海儿童经典导读教育中心的一位专家说：“大学生如果没有读《大学》，等于没读大学。小学生读了《大学》就等于进了大学。”五山小学的孩子不仅读了《大学》，还读了“三百千弟”《论语》《道德经》等几十篇经典古文以及100多首语文课本以外的诗词，不仅涵养了气质，

① 刘梦溪：《今天为什么还要阅读经典》，《人民日报》2007年01月29日，https://wenku.baidu.com/view/c4d1feb9fd0a79563c1e7211.html. 访问日期：2020年2月8日。

而且耳濡目染地感受着圣贤的智慧，有了“修齐治平”的情怀。

由“德育篇”内容可知，我们调查孩子们心目中的榜样时，发现选“古代圣人先贤”当榜样的人占比最大，为38.1%。在这个文化多元、强调个性的年代，孩子们心中的榜样自然也是多元的，但超过三分之一的人选择古代圣人先贤当自己的榜样是令人欣慰的，说明孩子们读着圣贤书，就有了向孔子、范仲淹、文天祥、韩愈等仁人志士学习的志向。“士不可以不弘毅，任重而道远”，人无志不立，读书做人都要立志。一个人有了志，就不会在茫茫世界、滚滚人海中迷失方向，虚度一生，也不会屈服于困难险阻，因为“匹夫不可夺志也”。儒家提倡“先立乎其大者”，即要立大志，因为“志小则易足，易足则无由进”。所谓大志，就是要实现生命的价值，把生命的真实在这一生中展现出来。孔子就是一个典范。子曰：“吾十有五而志于学，三十而立，四十而不惑，五十而知天命，六十而耳顺，七十而从心所欲，不逾矩。”孔子15岁的立志，已经定位了他的一生，一路走来，丝毫不歧出，不退却，越走越坚定，最终成为圣人。①

我们让孩子立大志，不能太空洞，要引导孩子思考“我长大后想做什么或想成为像谁一样的人”，这样的志向对小学生来说是比较清晰的，由此，国学经典中的很多人物就成为孩子们心中的榜样，成为他们前进的方向和动力。

看完五山小学师生的这段对话，你就知道何为“腹有诗书，胸怀远志”了。

一大早，老师见学生蓉蓉在叽叽咕咕地读着什么，就问：“蓉蓉，你在干吗呢？”蓉蓉扬起手中的《少儿国学读本》说：“老师，我在背书呢。”老师夸赞：“这么勤奋啊！”蓉蓉说：“您说过，车胤孙康囊萤映雪，游酢杨时程门立雪，凿壁偷光是匡衡，闻鸡起舞数祖逖。我要向他们

① 王财贵：《读经二十年》，中华书局，2014。

学习。”老师高兴地拍拍蓉蓉的肩膀：“你说得太好了。这真是——常玉不琢，不成文章；君子不学，不成其德。”后来我们的贺立群老师将这真实的画面编进剧本里，创作出我校的经典剧本《少年君子　策马五山》。剧本用儒道经典名段名句串联的方式，展现五山学子在优秀传统文化的浸润下，从懵懂学童成长为腹有诗书、胸怀家国天下的少年之变化历程。

## 少年君子　策马五山

**序幕**

**背景：**

（童声）大学之道，在明明德，在亲民，在止于至善。

瞻彼淇澳，菉竹猗猗；有斐君子，如切如磋，如琢如磨；瑟兮僩兮，赫兮喧兮，有斐君子，终不可喧兮。

**问答：**

我从哪里来？你来自那秀美的潋滟湖滨，华工之侧。

我从哪里来？你来自那灿烂的紫荆花下，华农之畔。

我从哪里来？你来自，椰树青青，美丽的校园，书香阵阵，书声琅琅的课堂。

（齐）新同学你好，五山小学欢迎你。

五山新长凤凰雏，眉目分明画不如。年小从他爱梨栗，长成须读五车书。

**第一篇　童蒙养正**

**旁白：**《易经》云“蒙以养正，圣功也”。蒙学经典不仅让我们学会知识，还告诉我们“堂堂正正立身，顶天立地做事”。

（容容捧《少儿国学读本》上）

**师：**容容，两年过去了，你长大了。（指着《少儿国学读本》）你在读这本书吗？

**容容：**是的，老师，我刚读到“见人善，即思齐，纵去远，以渐跻。见人恶，即内省，有则改，无加警。”

**师：**不错。你能对照国学检查自身，说明你已经读懂了经典的内涵，这才是尚善求真的少年君子。听——

（齐）性静情逸，心动神疲，守真志满，逐物意移，坚持雅操，好爵自縻。

瞻彼淇澳，菉竹青青。有斐君子，充耳琇莹，会弁如星。瑟兮僩兮，赫兮喧兮，有斐君子，终不可喧兮。

**第二篇　学而启智**

**旁白：**人生聪明识字始。蒙学滋养了一代又一代人的心灵，启发了一代又一代人的智慧。

**师：**咦，容容。一大早你在干吗呢？

**容容：**老师，我在背书呢。（扬起手中《少儿国学读本》）

**师：**（边翻书）这么勤奋啊。

**容容：**一日之计在于晨。您说过：车胤孙康囊萤映雪，游酢杨时程门立雪，凿壁偷光是匡衡，闻鸡起舞数祖逖。我要向他们学习。

**师：**说得太好了，这真是——

（齐）常玉不琢，不成文章；君子不学，不成其德。

博学之，审问之，慎思之，明辨之，笃行之。

**第三篇　胸怀远志**

**旁白：**子曰“志于道，据于德，依于仁，游于艺。”一个人如果放弃志向，就像一艘船在茫茫大海里航行，会失去人生的方向。

**师：**读书不觉已春深，一寸光阴一寸金。真快呀，一转眼你们就要毕业了。

**容容：**六度春风化绸缪，几番秋雨洗鸿沟。老师，谢谢您，是您教给我们知识，教会我们做人，还让我们从小就立下远大的志向。

（齐）老师，谢谢您！

**师：**同学们，小学毕业还只是你们的人生第一步，你们当学那雄鹰高飞，志在蓝天。

古人有——（齐）志当存高远，人生贵追求。

君不见——（齐）古之成大事者，不惟有超世之才，亦有坚忍不拔之志。

更有那——（齐）有志者，事竟成，破釜沉舟，百二秦关终属楚；苦心人，天不负，卧薪尝胆，三千越甲可吞吴。

**师**：好。人生因梦想而高飞，国家因梦想而兴旺。你们定能成为少年之君子，跃马扬鞭，驰骋天下。

**容容**：老师，我们记住了。雄关漫道真如铁，而今迈步从头越。

**女生**：雄关漫道真如铁，而今迈步从头越。

**男生**：雄关漫道真如铁，而今迈步从头越。

（齐）而今迈步从头越。[①]

我们把这个剧本排练成经典美文诵读节目参加区赛，获得一等奖；后来，应团中央中国青少年发展服务中心的邀请，到北京参加2015首届青少年国学教育大会，在“中华魂——第二届中华传统文化教育优秀节目展演”活动中荣获一等奖。《少年君子　策马五山》成为学校大型活动的保留节目，新学年开学典礼上必演，所有孩子都能展示，就如同在讲述他们成长的故事。

2014年，我校承办第十届穗台校长论坛，台北福林小学李月娥校长称赞：“从我们进入五山小学开始，就受到中华文化情境的熏陶，国学室小朋友的作品真的让我们叹为观止！老师教授课程完整，小朋友知书达礼，如翩翩君子，这正是我们中华民族未来要培养的人才。”

① 贺立群：《少年君子　策马五山》，五山小学经典美文诵读文集（内部资料），2014。

## （二）引经据典，出口成章

### 1. 谈吐不俗。

五山小学的学生一入学就开始读背大量国学经典，每年几千字地积累着，毕业时，背诵的古诗文已达万字。一篇又一篇的经典诗文存储、“发酵”，慢慢转化为学生自己的语言，学生在需要表达时往往能够脱口而出。

在国旗下讲话活动、各种庆典上，我和教师们引用经典时，总是故意说半句，留半句给学生接应。我说“同学们将来必是青出于蓝而胜于蓝的”，学生马上就说“冰，水为之而寒于水”；我说“天行健，君子以自强不息”，他们就接“地势坤，君子以厚德载物”，那真似“谈笑有鸿儒”之景。特别是碰到他们喜欢的篇章，只要谁起个头，大家就不约而同地背起来了。毕业典礼上，我感慨万千地对六年级学生说，忘不了你们上课时的专注，更忘不了你们齐背《岳阳楼记》时的流畅与气势！“衔远山，吞长江”，在场的全体毕业班学生便异口同声地背出“浩浩汤汤，横无际涯，朝晖夕阴，气象万千……”停都停不下来，仿佛要过瘾了才能刹住。这样的事经常发生，他们背得太熟了，名句名篇像水一样源源不断地从他们心里流淌出来。

2009年，我校的“新课程背景下强化经典文化教育研究团队”课题结题验收，专家检查学生背诵《少儿国学读本》的情况。二年级的15个学生把整本书从头到尾背得滚瓜烂熟。专家点背《陈涉世家》，孩子们从容地背诵起来：“陈涉少时，尝与人佣耕，辍耕之垄上，怅恨久之……”停顿恰当，节奏清晰，声音悦耳。三年级学生背诵《笠翁对韵》时，分成两组以对对子的方式展示：“繁对简，叠对重。意懒对心慵。仙翁对释伴，道范对儒宗。”你上句我下句，字正腔圆，韵律感强。六年级学生现场朗诵爱国诗词，感情深沉，铿锵自信……中山大学的陈昌贵教授、华南师范大学的李志厚教授等专家们满意而欣喜，因为他们看到了祖国优秀传统文化的传承后继有人。

熊桂文老师的国学课“名言擂台赛”，在“博引”“导行”环节，学生用名言解读“唯才是用”的内涵，个个侃侃而谈，“不拘一格降人才”“外举不弃仇，内举不失亲”“尺有所短，寸有所长”“他山之石，可以攻玉”“不以一眚掩大德”。听课教师听到学生不假思索地说出这么多的名言，且引用恰当，说理充分，无不赞叹。

古代文人墨客喜欢聚集在一起吟诗作画、作流觞曲水①之戏，我们的学生集体外出研学、参观时，喜欢接龙背诵古诗文。三年级语文老师陈敏仪说：“学生秋游途中背诵经典的表现把我打动了。秋游车程要一个多小时，行至一半，不知哪几个孩子三五成群先开声背起国学书中的古文来，后面几个孩子跟着背诵。背到《笠翁对韵》时，男女生自动分成两个阵营对背起来，‘晨对午，夏对冬’‘下饷对高舂’‘青春对白昼’‘古柏对苍松’，声音越来越大，越来越整齐。孩子们竟然不用看书，一气呵成从国学读本的开篇直接背到了结尾，除了后面没有学到的文段，大部分的内容他们都熟读成诵了！我那时真是震撼、惊喜！我感叹孩子们的超强记忆力，同时在内心更坚定了国学教育的信心。此后，面对个别家长对国学教育内容多、负担大的质疑，我用此例轻松说服他们。”

2. 引用得当。

巴金曾说，儿时背诵的《古文观止》里的200多篇散文是他从事散文创作的“真正的启蒙先生”。五山小学的学生也能做到“读书破万卷，下笔如有神”吗？

经典诗文行文讲究，学生诵读多了，自然会感受到这些文章灵巧的修辞、畅达的造句、铿锵的声韵、周密的谋篇，并将这些不知不觉变成自

① 流觞曲水：王羲之与诗友们在兰亭清溪两旁席地而坐，将盛了酒的觞放在溪中，由上游浮水徐徐而下，经过弯弯曲曲的溪流，觞在谁的面前打转或停下，谁就得即兴赋诗并饮酒。王羲之将大家的诗集起来，挥毫作序写下了著名的《兰亭集序》。

己能力的一部分。学生能把生活中观察到、体验到的东西用古诗文进行表达，或者把生活中遇到的事情、感受用经典蕴含的道理加以概括，说话、写作都能恰当地引用。

张愈玉老师带学生去爬山，孩子们爬到山峰，眺望繁华的都市，一个学生不由自主地吟道：“‘归马于华山之阳，放牛于桃林之野。’好一个和平年代，我们真幸福！”若不是亲耳听到，你绝对不相信10岁的儿童能有这样通透的感悟。熊萍芬老师的三年级学生在日记中写道：学习要做到“温故而知新”，当成绩有所退步时，就激励自己“唯德学，唯才艺，不如人，当自励”。还有一名学生写了自己参加游泳比赛的经历，叙述自己经过平时的刻苦训练，终于在比赛中获得了第三名的好成绩，他在日记中感叹“宝剑锋从磨砺出，梅花香自苦寒来”。

▲五年级学生肖馥昀的日记《积跬步至千里》。

我在家想用橡皮泥做一个大大的蛋糕，做了一次、两次、三次都没成功，气得把橡皮泥砸到地上。我坐在地上，左想想，右想想，突然想到我们背诵的《劝学》：“不积跬步，无以至千里；不积小流，无以成江海。”做事情不一步一步地累积起来，就不能达到目的；没有一条条小河汇聚在一起，就不能形成大江大海。我心想，做蛋糕不也是这个道理吗？于是，我又开始动手制作，耐心地一点一点完成蛋糕的每个部分，最难的是雕花，那么一大圈要雕很久，然而“不积跬步”的话语一直在耳边激励着我一点一点雕。功夫不负有心人，一个小时后，一个漂亮精致的蛋糕就做好了。

▲五年级学生康恺容的国学征文《山野间体会古诗词之美》。

从一年级开始，我们就学习经典，我积累了很多古文和古诗词。我最喜欢古诗词，古诗词很美妙，或写景物，或讲哲理，或抒感情，我可以从诗中体会到许多东西。

在乡下时，我天天在田间和山上游荡。山上的树很多，头顶的枝叶密密的，几束阳光从树叶缝隙中钻进来，照在了溪边长着青苔的石子上，把小溪的水照得亮晶晶的，水边石头上也有了或浓或淡的影子。这不是“返景入深林，复照青苔上”的婉约景象吗？山坡上都是茶树，茶花开了，洁白美丽，散发出淡淡清香。蜜蜂“贪婪”地在花间飞舞。脚下的泥土上，躺满散落的花瓣，它们将融入泥土，化成肥料，这是“落红不是无情物，化作春泥更护花”的精神啊！花的一生，都在奉献着，散发了春味，绽开了容颜，送出了花蜜，凋落时让自己化成肥料，滋养新的鲜花。

五年级学生许粤扬的国学征文《功夫不到不开窍》。

我觉得自己有点偏科，语文、国学、国画都学得又快又好，可是数学成绩不理想。我想，是不是自己的数学思维不开窍呢？有一天，我读到《中庸》中的一段话：“人一能之，己百之；人十能之，己千之。果能此道矣，虽愚必明，虽柔必强。”它说的是，别人下一次功夫，你下上百次功夫；别人下十次功夫，你下上千次功夫，尽管人的资质、体力是不一样的，有强有弱，但有了这种“己百、己千”的精神，也就功到自然成了。我觉得应该是我在数学上没有下够功夫，我如果有这种决心，应该也能学好数学。

3. 仿写出彩。

小学生的模仿能力很强，教师们就鼓励学生仿照古诗古文进行大胆创作，开发他们的这种潜能。黄怀丽的六年级语文综合实践课“穿越时空会古人”被推荐参加广东省小学语文口语交际与综合性学习观摩会，进行公开展示和交流。课堂教学的4个环节“文人墨客喜相逢—畅游诗海探奇珍—古韵古曲展风采—挥毫创作抒我情”生动流畅，尤其是课堂上学生的表达能力和诗词创作令听课者惊叹（表6）。

**表6　六年级学生创作的诗词**

| 诗名、学生姓名 | 诗句 | 教师评点及修改建议 |
|---|---|---|
| 《惜时歌》<br>（六年级徐鸿基） | 春有百花夏有月，<br>秋有凉风冬有雪。<br>四季运转永不休，<br>劝君莫等花月缺。 | 押韵、顺畅，以四季运转相喻。后两句建议改为“四季勤披不停手，惜阴莫教花月缺” |

（续表）

| 诗名、学生姓名 | 诗句 | 教师评点及修改建议 |
|---|---|---|
| 《珠江夜景》<br>（六年级潘昭欣） | 雍容大度珠江河，<br>游船凌波载客游。<br>夜幕低垂云灿烂，<br>满天星月泻琼楼。 | 描绘珠江夜景形象生动；第一句不押韵，“河”建议改成“流”；<br>“云灿烂”在此句似不通，若改为“云蒸霞蔚霓虹闪”也许好些 |
| 《酷暑吟》<br>（六年级谢嘉雯） | 一轮太阳挂天空，<br>半江金黄半江红。<br>酷暑七月初九天，<br>汗似河流阳似火。 | 立意好，比喻有新意；<br>“火”不押韵，建议将最后一句改为“热气腾腾似蒸笼” |
| 《春天乐》<br>（六年级何顺君） | 春天喜洋洋，<br>万花齐竞放。<br>农民齐吆喝，<br>种下新希望。 | 能抓住春天的景物，押韵；<br>“农民齐吆喝”建议改为“农民吆耕牛” |

学生学习《老子》第八章《上善若水》和诗词后，进行了有趣的文学创作（表7），《新快报》记者看到学生的这些作品，欣喜地选了几篇刊登在报纸上（图9）。

**表7　学生仿照《上善若水》《大风歌》进行的创作**

| 学生姓名 | 作品名称 | 创作内容 |
|---|---|---|
| 五（2）周怡馨 | 《清官》 | 官善若烛，烛善明而不晦，为民驱黑发光，故民颂之 |
| 五（2）文嘉密 | 《成材》 | 根善钻，叶善绿，干善直，吸大地之精华，故能成材 |
| 五（2）潘继彦 | 《蜜蜂》 | 上善若蜂，蜂传播花粉而不争，献众人蜂蜜，故几于道。脑善思，眼善看，耳善听，手善巧，事善防，做善勤，夫唯用心，众志成城 |
| 五（1）唐晔 | 《春天》 | 春风来兮燕儿飞，学子匆匆兮上学堂，只盼早日成才兮走四方 |
| 五（1）周瑞婷 | 《考试歌》 | 堂上教师监考，堂下学子做卷。冥思苦想不得其解，忽然柳暗花明，于是面带笑容挥笔，顷刻便可交卷。大家齐唱《考试歌》，不日回家报喜 |

新快报

中国·CHINA [ 观点新闻 ]

A12 2002·8·27 星期二 责任编辑：解素蔚 美术编辑：张玉涛

今日关注

# 广州小学语文骤掀"复古"潮

新快报记者 朱向华

广州的小学语文教学正悄悄掀起一股"复古"潮：先是五山小学率先将中华古诗文经典诵读工程实验列为校本教研课题，并在天河区立项，让每位小学生每天读经10分钟。后有侨学教育集团计划今秋在属下的小学推出一门全新的"国学课"，主要教授《孙子兵法》《论语》等课程。现在这股"复古"潮不仅走进了小学课堂，甚至"席卷"了一些小学生家庭，一些家长热衷于在家里辅导孩子读经诵典。那么，小学语文的这股"复古"潮，是否和现代的教育理念相悖？让小学生读经诵典，对学生的创造力到底是一种束缚还是一种发掘？

## 校方访谈 诵读经典与素质教育并不矛盾

**诵读实验一发不可收**

记者（以下简称"记"）：当初怎么会想到将经典诵读工程作为校本研究课程呢？

许凤英（五山小学校长，以下简称"许"）：其实这还是跟全国语文教学改革有关。新的小学语文课程标准已经试行了一年，今年秋季广州就会全面试用新教材了。新教材中文言文的比例占课文总量的40%。小学语文旧教材里只有40首古诗，没有一篇古文，而新教材里古诗文将达到160首（篇）。而且今年高考语文卷150分的总分中就有48分是考古诗文。这说明国家对传统文化的教授比以往更重视了。

去年底，华师大附中的退休教师郑千一找到我，希望能在五山小学进行诵读古诗文的实验。老师们觉得郑老师的提议有道理，都愿意在自己班里进行实验。没想到一发不可收。

记：诵读工程是怎样进行的？

许：学校统一使用教材《熟读名言三百句》和校本教材《中华古诗词编选》，这些教材主要选材于《四书》《五经》中部分经典内容和古诗词。全校统一学习时间，每天利用晨会或红领巾广播时间学习10分钟，每天两句名言，每周10句名言，1首古诗。组织形式提倡多样化，可个人吟诵、唱诗歌、作画、讲故事、表演等。学校还定期组织汇报表演，如古诗新曲合唱比赛、经典诵读汇报表演等。

**一句古训让"调皮王"变乖了**

记：诵经工程开展半年以来，实践效果怎么样？

许：8月25日，在广东中华诗词学会单位会员会议上，五山小学被大会授予"广东省诗教先进单位"的荣誉。学校良好的社会形象已经树立起来了。

更重要的是，老师发现孩子们爱读书了，更有礼了。有位四年级的同学以前是"调皮王"，喜欢攻击同学，现在乖多了。我在会上表扬了他，他说："孔子说'己所不欲，勿施于人'，我不喜欢别人打我，所以我也不打别人。"校园里有37棵芒果树，芒果熟了掉在地上，孩子们拾起来就交到老师手里，问他为什么不自己吃了，他们摇头晃脑地念上一句："智士不饮盗泉之水，廉者不受嗟来之食"。孩子们真的是很可爱！

记：对于深奥的《四书》《五经》，小学生们能理解吗？

许：不要小看了学生们的潜力。其实只要给他们机会，他们的创造力就会被激发出来。我们的老师还想出了不少妙招来帮助学生理解，比如将内容制成flash，把古诗编成小故事来讲授等。

心理学研究表明，一个人的记忆在6至13岁处于发展黄金时期，引导他们在记忆发展的最佳阶段背诵经文，状态好，效果也会好。

**下一步想推行英文诵经**

记：有人认为，素质教育就是要培养学生的创造力，现在这种"复古潮"又把孩子们重拉回到文海当中，其实是一种束缚和倒退，您如何看待这种质疑？

许：社会上有些人对我们的诵经工程还不理解，认为是一种倒退。其实这是一种误解。首先古诗文里面本身就蕴含有很多有创造力的东西，学生们学习了古诗文外，还会自己模仿创造新的句子。而且人文科学和自然科学是相通的，很多大科学家古文底子都很好。

记：下一步有什么设想？

许：接下来我们想把英文的经典文章搬进课堂，推行英文的诵经工程。



图为五山小学5年级学生周怡馨仿《道德经》第八章创作的《清官》。

## 请大学老师教小学国学

侯力继（侨学教育集团董事长）：我们开设的国学课的概念很广，不单是文学，还包括了民间艺术、武术、国画、书法、中医中药等。一周两节课，以讲座的形式开。先会在黄石中学、康乐小学教授《孙子兵法》、《易经》等古典精髓，把国学课作为一门选修课。下一步，再推出变脸、剪纸、皮影戏等民间艺术课。

为此，我们已经请到了广州大学一位讲师，专门来上国学课。我对现行的语文教材很不认同，认为这些根本就是一种八股教学方式。国学课就是培养学生认知和思辨能力，这样孩子们才会终生受益。

## 家长说法

**补上读经典这一课**

佛山一名叫黎燕青的普通女工，从自己有限的积蓄里拿出近万元购买了100多套儿童经典书籍，烈日下，她抱着《论语》、《大学》、白话《资治通鉴》等书籍奔走于多间小学和幼儿园，向老师们呼吁"让孩子们多读经典吧！"她还在朋友的帮助下办起了经典诵读班，免费教孩子读经典，并让自己1岁的女儿也背诵《论语》。她认为，现代人不读经典素养在退化，应该补上读经典这一课。

**提高孩子应对挫折的能力**

海珠区江南新村第一小学三年级章明骏的父亲在家里为孩子制订了一套诵读计划：每周诵读一页约120字的古诗文，达到背诵程度，每天不间断。让女儿背诵《大学》《中庸》《老子》等古籍。章父认为，让孩子背诵古诗文是为了让其提高应对挫折的能力。

## 发起人如是说

**我碰了十五次钉子**

华师大附中的离休教师郑千一现年已经73岁，近年来，她为了在广州、深圳等地中小学推行诵经工程实验，经常捧着自购的课本，不遗余力地在各间学校奔走游说，在多间学校共作过数十场的免费讲座。她告诉记者，她已经碰了15次钉子。

记：你以前是一个化学老师，怎么会想到要全力投入做这样一项推广古文运动呢？

郑：我想这是自然形成的职业敏感，我做了整整40年的老师，而且我出身于一个教育世家，外祖母从1898年就开始创办女子学校，整个家族已经有104年教育传统了。我虽然是化学老师，但对传统文化也有偏好，我想为传统文化的弘扬尽一份力。我在各个学校讲了好几十场，全部是自掏腰包。现在113中学、天河中学、华师大附小、深圳蛇口中学都在推行。

记：诵经工程会加重孩子的负担吗？

郑：小学是机械记忆的黄金年代，孩子们应该抓紧时间记忆。在推行这项工程时，我们采取了"化整为零"和"零存整取"的做法，学生都乐意学，并没有加重学生什么负担。有一句话是"读书百遍，其义自现"。而且我们也不强求孩子们要理解每一句话的含义。

图9　学生创作的作品《清官》刊登在2002年8月27日的《新快报》上

香港特区的骨干教师培训班来我校参观交流，观摩了闵丽华老师的国学课《别忘了我是谁》，很欣赏学生在课堂上创作的藏名对联、小诗。如，黄梦琪同学的"梦琪"："梦寐以求天上物，琪花瑶木勤中来"；刘紫韬同学的"紫韬"："万紫千红春光一片，文韬武略指点江山"；还有奚望同学用对联概括我们的经典诵读实验："好一座学堂，书声琅琅，读经典文化；千百名学子，风度翩翩，做少年君子。"培训班的一位教师回香港后，专门写了几副藏名对联寄给这个班的学生。

这样的创作场景刚刚出现时，老师们常常激动不已，而现在大家已经习以为常了。正如语文特级教师李镇西所说，让孩子在其记忆力最旺盛的年纪，通过背诵，将最经典的古诗文化作自己的血肉，这是形成终身语文能力的"童子功"。所谓"熟读唐诗三百首，不会作诗也会吟"，这个古训永远不会过时。

全国特级教师朱红甫曾经来五山小学为六年级学生执教了一节国学

课——《五柳先生传》，课堂教学非常精彩。后来，他在一次关于国学经典课堂教学的专题讲座中说："我给很多学校的学生上过课，五山小学的学生国学素养之高让我印象最为深刻！"

## （三）认同经典，热爱经典

一个受过比较系统的国学经典教育的孩子与一个没有受过这种教育的孩子的区别还表现在对传统文化的认同度和亲切感不同。经典古诗文有一种独特魅力，读得越多，爱得越深。为什么呢？因为孩子有自发感受真善美的天性，因为经典给了孩子更好的发展平台。著名作家余秋雨先生说："在孩子们还不具备充分理解古诗文经典的能力的时候，就把经典交给他们，乍一看莽撞，实际上却是文明传代的绝佳措施。幼小的心灵纯净空阔，由经典奠基可以激发他们一生的文化向往。"

### 1. 孩子有自觉感受和学习真善美的天性。

古诗文语言精练，蕴藏着数不尽的真善美。古代诗人喜欢通过托物言志的手法，在物的身上寄托崇高的理想和高尚的情操，以梅、兰、竹、菊、莲等为吟咏对象的诗词数不胜数，"出淤泥而不染""墙角数枝梅，凌寒独自开"……梅高洁孤傲，竹有气节、谦虚，菊飘逸恬静，兰清丽素雅，松坚韧挺拔，它们被诗人赋予了人的优良品格。诗人也擅长用夸张、想象的手法描写场景、抒发感情，让人们看到了最大的瀑布——"飞流直下三千尺，疑是银河落九天"和最深的友情——"桃花潭水深千尺，不及汪伦送我情"，还看到了最憔悴消瘦的人——"帘卷西风，人比黄花瘦"，非常浪漫，充满想象力。中国绝大多数古代文人具有极高的修身、齐家、治国、平天下的入世境界。他们的这种精神都通过其手中的笔，在文学作品中得以充分体现。

孩子们领略文字之美，体悟思想之深，了解历史之真，越来越喜爱经典，连阅读倾向都会发生改变。国学教育是一把开启孩子们天性之门的钥匙，引领孩子们走进真善美的诗文世界，让孩子们尽情地吸收精神养分。

▲五年级的梁瑾瑜同学认为诗词是世界上最美的语言，她在《我和国学的故事》征文中写道：

中国诗词是世界上最美的语言，我来到瀑布前，可以用“飞流直下三千尺，疑似银河落九天”来形容；看到华南农业大学校园里亭亭玉立的荷花，马上想说 “小荷才露尖尖角，早有蜻蜓立上头”；迎来中秋节时，我又可以吟唱“但愿人长久，千里共婵娟”……这常常让我感动，中国诗词把我心里想说的话都说得这么好！

▲五年级的费禹尘同学在父母的引导下体会到“诗中有画”“画中有诗”的美妙，觉得学习诗词可以给人美的感受：

小学低年级时，我并不喜欢国学，古文里经常有什么之乎者也的，也不如现在的寻宝书籍中的探险故事那么有趣。可是学校很重视国学，所有同学都得读背《少儿国学读本》，我只好硬着头皮学。爸爸发现我完全是死记硬背，进展很慢，就给我讲解。唐诗宋词是我国文学宝库中最绚烂的瑰宝，是世界上最美的文字，其最大的特色就是诗中有画、画中有诗。爸爸还教我读诗的时候如何想象画面，如“大漠孤烟直，长河落日圆”“杨花榆荚无才思，惟解漫天作雪飞”。妈妈也会给我解释她喜欢的一些诗词，如“举杯邀明月，对影成三人”“树绕村庄，水满陂塘”。我逐渐对国学产生了兴趣，翻阅家里的国学书籍，和爸妈一起讨论文字里描绘的画面、传递的意境。每次我在背“山对海，华对嵩”时，妈妈就会得意地接上“四岳对三公……”为了培养我的诗词韵律感，妈妈还特别给我买了本《笠翁对韵》。国学或许不能成为我未来的职业方向，也不是一个可以赚钱的工具，但可以带来美的感受，可以陶冶我们的性情。

▲五年级郑沛杨同学认为，古文很简练，“比现在的长篇大论厉害多了！”他在《我和国学的故事》中写道：

古文看起来很复杂，但如果去细细地品味它们，就可以明白其中的道理，懂得其中的意义。古文大多是前人在学习、劳作中的启示或是对日常生活的生动描述，且古人用很少的话语，就能栩栩如生地勾勒、反映那些场景、人物、事情的前因后果，这比现在的长篇大论厉害多了！每一个成语故事都是词简理深的，比如，虽然《叶公好龙》这篇小古文只有七十来个字，但很生动地讽刺了言行不一、口是心非的人。根据配图，你完全可以想象当时的场面，你会有想笑的感觉。

老师要求我们通读、背诵国学经典，看似笨，其实巧。巧在用力少而收获大，很多名句都有一个故事或来源，你记住了故事也就记住了句子，既可提高阅读、理解能力，又扩大了知识面。比如，“朽木不可雕也，粪土之墙不可圬也”这句话来自《宰予昼寝》，是孔子批评宰予大白天睡懒觉而说的话，意思是腐烂的木头不能雕刻，粪土一样的墙壁不能粉刷。孔子说得既形象又深刻。

我在报纸、电视上见到一些初高中的大哥哥、大姐姐巧妙地把古文名言、古诗词等运用于作文或辩论中，很有说服力，我很佩服他们，也希望自己能多积累一些诗文，也能出口成章。

▲六年级学生小俞的家长没想到孩子看到“滴水穿石”景观会联想到老子的话，他在《子衿集》的《两代短歌》栏目赞叹经典对孩子的影响。

暑假我家到桂林旅游，游览七星岩溶洞时，导游介绍“滴水穿石”的景观，孩子被吸引了，仔细研究哪些石头被滴穿了，哪些石头被滴出了一个大凹槽，成了碗状，还问我：“爸爸，这是不是就是《老子》中说的‘天下莫柔弱于水，而攻坚强者莫之能胜’？”我当时很惊讶，我知道就是这个道理，但我没背过这句话，只觉得孩子把书本知识与生活现象连接得太好了！孩子在路上还和我们聊“滴水穿石”的道理，这次参观让他真正领悟到老子的思想有多精辟。

### 2. 被肯定与再提高的良性循环。

学生背诵的目的是应用，而应用又提高了背诵的质量和学习兴趣。学生在表达时引用经典得当，得到好评，或者自己感觉到作文因此增色，就会很有成就感。他们在交流时，看到同学引用也会羡慕，也会受到启发。

有一次，我召开学生座谈会，了解孩子们对国学课程的感受，贵州两位跟岗教师也参加了会议。我问孩子们：“你们在生活中用到国学了吗？”王子禾说：“我爬山时看到阳光穿过树林照在小溪里，立刻想到‘日光下澈，影布石上’这句话。” 张文丽说：“我表弟经常跟他妈妈对抗，我就把‘慈鸦尚还哺，羔羊犹跪足’的故事讲给他听，他现在也懂得要孝顺父母了。”王翊宁说：“我以前学钢琴，提不起兴趣，后来转学古筝。民族乐器最能表现我喜欢的《渔舟唱晚》《渔光曲》这些曲子。我认为是经典诵读让自己迷上了中国风。”张馨文说：“我很喜欢读《曹刿论战》，‘夫战，勇气也。一鼓作气，再而衰，三而竭。彼竭我盈，故克之。’读起来很有劲头，我明白了做事就应该一鼓作气。”牛翊菲说：“有一句话对我影响很大，帮我改掉了口无遮拦的缺点。这句话是‘言宜慢，心宜善’，告诉我说话前要想清楚，什么该说，什么不该说，怎么说，才能在不伤害别人的情况下充分表达出自己的意思；不能有害人之心，与人为善，必有福报。”看到学生人人都能顺口引用经典句段说体会、讲道理，来自贵州的老师赞叹不已，说仿佛在听一群“斐君子”谈话，并坚定了回贵州也要推行经典诵读实验的决心。

每每听到、读到孩子们的这些话语、这些体会，我都忍不住回想几次，陶醉在“倾听幼竹拔节声”的喜悦中。有一天，我亲眼看到一位“蓬头稚子”在夜色中诵读经典，这场景一直印刻于心。“非淡泊无以明志，非宁静无以致远。”一个七八岁的小男孩正盘腿坐在华南理工大学西湖边的一张石凳上一遍又一遍地诵读着，声音清脆、稚嫩。正在湖边散步的我好奇地走过去，欣喜地发现小男孩腿上摊开的是我主编的《少儿国学读本》（第二册），孩子读的正是书中内容。我主动与小男孩打招呼，原来他是我校二年级的学生姚远。他跟爸爸妈妈出来玩，大人散步去了，他便坐在石凳上诵读诗文。我表扬他热爱学习，他很高兴，说可以背诵“明志”主题的名言给我听。我听着孩子一句接一句地背诵“志士贫更坚，守道无异营”“岁寒，然后知松柏之后凋也”，那种美好难以言表。

六年级的杨永杰同学在作文中写道：三年级，我们开始写作文，我经常把在国学课中积累的古诗文运用在文章中，使作文更有文采。到五、六年级时，我们读背《论语》《道德经》，我读到了孔子关于学习、交友的很多名句，《道德经》则告诉我们在战火纷飞的年代，“无为之治”也许是最好的管理方法。我觉得老子很会打比方，他说“治大国若烹小鲜”，我每次看到妈妈煎鱼就想起这句话，如果老是翻动鱼，鱼就会烂碎不成形，老子就用这个比喻告诉大家，治理国家不能老是折腾老百姓，要讲究方法。我还能背诵《出师表》，很敬重诸葛亮的忠心耿耿以及“北定中原”的决心。因为有了国学的日积月累，我对语文学习更有兴趣和信心了。

孩子们体会到读经典的精妙，很乐于与别人分享，有的还把《少儿国学读本》推荐给亲戚朋友。四年级的刘洁琳同学中途转入我校，最初有点不适应，但通过与同学们同读经典，很快就从经典中找到了融入感和自信心。她说：“国学中的道理清晰、透彻，不仅适用于古代，也适用于现代。国学中的语言最让我佩服，可以引用到作文写作上，在开头或结尾用上几句诗词，一下子就令文章充满诗意与生机；也可以在讲话时用上几句，既可以准确地表达意思，还可以体现一个人的文学修养。一个学期过后，我将五山小学的《少儿国学读本》推荐给我爸爸工作的学校——长虹小学。爸爸接纳了我的建议，也要在长虹小学开展经典诵读。我希望爸爸学校的小朋友也能受到经典的熏陶，同时也希望国学精华能够一代一代传承下去。”

学生常常在国学课上体会到与其他课程不一样的成就感，这就形成被肯定与再提高的良性循环。难怪美术老师让毕业班学生给母校留下一份作品时，绝大多数孩子都选择制作国学绘本，这种感情和兴趣是多么真实、多么珍贵。

3. 良好的平台与丰富的自我。

经典诗文积累得多，用起来就得心应手，同时又会获得很多交流展示的机会。在学、用、演的过程中，孩子们会发现一个更丰富的自我。

2019年8月22—23日，我校两个舞台剧《孟母断机》和《成长的烦恼》受邀参加中国教育电视台《国学传承人》栏目的录制。《国学传承人》是中国首档青少年国学素养教育传承节目，由中国教育电视台与北京云之国传媒有限公司共同出品，点评嘉宾有中央电视台著名主持人鞠萍、《百家讲坛》主讲人纪连海、国家一级演员刘之冰、中国教育电视台主持人关凌、著名主持人兼制片人庄婧等，并于2019年12月29日起在中国教育电视台黄金时段播出。五山小学的孩子在舞台上生动地再现经典故事《孟母断机》《成长的烦恼》，用独特的形式解读中华优秀传统文化，孩子们既得到了锻炼、交流的机会，也感受到经典的深刻内涵和传承经典的责任。小演员马可欣饰演孟母非常出色，她毫不犹豫地搬家、“断机杼”的行为和语重心长的话语，简直把孟母“演活”了。主持人问她，为什么能这么好地把握角色？马可欣说：“我的妈妈也是一位温柔但有原则的母亲，教育我很讲究方法，也很看重我成长的环境。《孟母断机》我很早就读过，我喜欢孟母这个角色。”老师问她参演体会，她说：“为了演好孟母，我又读了关于孟子的其他故事，现在对孟子多了很多认识。中国教育电视台播了这场演出后，我几次看自己的表演，觉得自己有这方面的表演才能，对自己更有信心了。所以，后来学校让我表演《少年君子　策马五山》中的老师，我也演得很顺利。”饰演小模特的贺语桐在《成长的烦恼》中的表现力也很强，她说：“我演的这个小模特从被迫跟着妈妈去拍广告，到后来反抗妈妈的安排，坚决要回学校读书。我很理解这个小模特的想法，我要是遇到这样的妈妈，也会拒绝她的要求。人要一步步脚踏实地，不能为了一时的名利而荒废光阴，否则就会成为古时候那个长大了却没有长进的方仲永。”

在我校的美育节上，孩子们用各种形式在舞台上尽情演绎他们喜欢的诗词歌赋。二年级班主任陈婉玲老师说：“我们班孩子自主选取了所学过的古诗《寻胡隐君》进行古韵新唱。为了表现这首诗的美，孩子们一次次不知疲倦地排练，一次次调整腔调，一次次改变动作，终于完成美育节那天的精彩呈现。一群小诗人穿着古装，打着油纸伞，用甜美童声唱着‘渡水复渡水，看花还看花’，在LED灯光背景配合下，他们仿佛‘穿过一座座古桥，渡过一条条小河，赏着看不完的鲜花’，寻找那位姓胡的隐士。太唯美了！站在舞台前的我，潸然泪下，惊喜于孩子们的悄然成长，感动于孩子们惊人的表现力。原来，国学神韵早已不知不觉深入他们的骨髓，让他们有了这样灵动的绽放。”

六年级班主任李淑君老师说：“孩子们一起选择了《少年中国说》作为合唱曲目，为了唱出气势，更为了让孩子们在活动中意识到自己就是一个中国少年，要面对生活的挑战，承担属于少年的责任，我带着孩子们一遍又一遍地听清华大学上海校友会老年人合唱团的《登鹳雀楼》，听到‘学霸’爷爷奶奶们用5种语言唱的古诗，孩子们佩服极了。当听到他们少年时学而不倦，盛年时隐姓埋名，做出惊天动地之事来报效祖国的传奇人生，孩子们更是热泪盈眶，不由自主地鼓起掌来。从掌声中我听出了力量，听出了真情。有了这样的铺垫，孩子们合唱时慷慨激昂的情绪感染了前来检查节目的音乐老师。他说孩子们已经理解了这首歌，唱出了感情。这次演唱的成功不仅说明孩子们把歌唱好了，更说明他们有了少年必须强、少年必须智的志向与责任。”

4. 精神的愉悦和能力的提升是永久的动力。

学生背诵大量的名篇佳作，不知不觉地受到影响，他们的思想道德、学习能力、行为习惯等会得到明显改善，而这种改善会使他们产生精神上的获得感，成为他们亲近经典的持久动力。“德育篇”中介绍了依托经典培养学生良好思想道德和行为习惯的做法与成效，而学习能力的提升主要表现在记忆力、识字量、背诵量、阅读倾向、阅读习惯、语言表达等方面。①

（1）记忆力方面。我校“国学雏鹰奖章”评价给了孩子一定的背诵压力与动力，学生要完成任务就得提高自己诵读的专注程度，摸索适合自

① 许凤英，兰润花：《构建国学校本课程，促进学校整体效能提升的实践研究》，结题报告，2014。

己的记忆方法，提高自己的记忆能力。

五年级学生汪雯锦除了背诵《少儿国学读本》，还背诵《诗经》《易经》。2013年，在武当山道教功夫学院学习期间，我和汪雯锦比赛背诵《易经》中乾卦、坤卦的爻辞和卦辞。我习惯理解性记忆，总是边思考句意边记诵，但因为背诵不专一，心思是乱的，而且在规定的时间内诵读句子的频次比她少多了，所以根本背不过她。内容难易直接影响我背诵的速度，内容越难，我与汪雯锦的差距越大，而她背诵的速度不受难易程度的影响。她还会在背诵时给自己找点乐子，说背到“品物流形”就想到“流行歌曲”，背到“大明终始”就想到“小明忠实”。在开学典礼的读书汇报中，她一口气背完《兵车行》，那种轻松令人惊讶。

六年级的学生特别喜欢集体背诵《岳阳楼记》。他们说，喜欢《岳阳楼记》的行文方式，四字短句，层层渲染，情景交融，背诵时节奏感强，语速渐快，声音也顺着作者“一悲一喜”的情感变化从低沉悲凉转到高亢嘹亮，而只有集体背诵才能表现那种层层推进的气势。可见，学生遇到不同体裁的古诗文，已能找到适切的背诵方法。

四年级学生陈卓旸家长讲述了孩子一小时狂背20首古诗的故事：那是夏天的一个晚上，快10点了，儿子已经困得睁不开眼，还不忘把闹钟抱上床。“儿子，不用上闹钟了，明早7点爸爸妈妈叫你起床。”“不行，我明天必须6点就爬起来，背国学，一共20首诗！”“20首？平时都背过了吧？”“平时偷懒，没背。如果背不出，就拿不到国学雏鹰奖章。”看来，儿子挺看重学校的评价……第二天一早，儿子果然相当积极、相当认真地背诵。7点5分我开始抽查了，除了极个别的发音错误外，这小子居然把20首诗全都熟记于心。儿子绝对不是天才，究竟是什么让这小子能在1小时内背下这么多诗词呢？我想，可能是平时听同学背多了，也记下一些，另外就是儿子已经读了3年的国学经典，古诗文的语感应该不错，所以才能够一早上狂背20首诗。

（2）识字量、背诵量方面。学生在诵读古诗文的过程中接触了大量的生字及生僻字，通过反复接触，辨认字体，他们认识了很多非常用汉字，明显增加了识字量；背诵篇目不断增加，6年下来，古诗文的背诵量达到两万字。

五年级的孙妍同学是两年前转学到五山小学的，刚来时，她看到同学们背诵国学经典的速度和准确性，感到惊讶与好奇。经过一个学期的诵读，她也渐渐跟上了全班进度，而且还发现读背古诗文让自己多认识了很多字。她说：“我学习国学两年多了，随着年级的上升，五年级的《论语》内容比四年级多，难读难认的字也很多。比如，‘子罕篇’中有一段，子曰：‘衣敝缊袍，与衣狐貉者立，而不耻者，其由也与？“不忮不求，何用不臧？”’这段话里的‘敝’‘缊’‘貉’‘忮’‘臧’等几个字都看着很眼生，在平时的课本中很少碰到，如果读不准音就难以读通句子。我已养成借助拼音或查字典先把字音读准，再读句子的习惯，反复读几遍，我就不知不觉记住了这些字。以前在文言文中反复出现的陌生字‘焉’‘矣’等，现在已经变成熟悉的字。”

（3）阅读倾向、阅读习惯方面。2011年9月，首份“全国小学生阅读状况在线调查”结果显示，小学生课外阅读呈现功利化倾向，有近八成（78.0%）的学生将提高学习成绩作为阅读的主要目的之一；在课外读物的选择上，经常读“卡通动漫”类课外读物的学生有43.3%。① 这说明小学生的阅读动机、阅读倾向普遍存在问题，需要师长的引导。而坚持诵读经典的孩子，往往更喜欢读名篇名著。

二年级的黎文楷同学读了《少儿国学读本》中的小古文《智子疑邻》，又在《史记》上看到相同文章，发现语句有异，就问我：“为什么我们国学书上写的是‘不筑，必将有盗’，《史记》上却写‘不筑且有盗’？”我告诉孩子，这两种说法表达的意思是一样的，古文在不同版本

① 王大庆：《2011“全国小学生阅读状况在线调查”成果发布》，《光明日报》2011年09月27日，http://epaper.gmw.cn/gmrb/html/2011-09/27/nw.D110000gmrb_20110927_10-06.htm. 访问日期：2020年3月3日。

中会有表述上的差别。他恍然大悟："原来意思是一样的呀，就是表述不同。"我问他："你喜欢哪种表述？"他说："不筑且有盗。"我追问："为什么呢？"他说："字少一点。"我内心很激动，孩子懂得古文用词洗练，才选择"字少一点"的表述，这绝对是文言文读得多了才有的感受。这个二年级的孩子读了韩非子的文章，就能进行这样的比较、思考，这多么让人欣慰。家长说，国学经典诵读改变了他家两个孩子的阅读倾向，姐姐和弟弟都爱读名家名篇，阅读和理解能力很高，弟弟二年级就已经读了《史记》《东周列国志》《封神演义》等十几本历史著作。

阅读习惯的养成非常重要，它能促进一个人养成爱思考、能静心、能坚持等好品质。郑凡老师说："除了注重品性的塑造、知识的积累，还要注重习惯的养成。我每天中午坚持让孩子诵读10分钟的国学经典，六年如一日，虽然孩子不一定理解每一首古诗或每一句古文的意思，但他们学会了每天坚持诵读经典，从不间断。多少年后，当他们回忆起这段小学时光，也必定会欣赏当年的自己。人的一生中，做一件事坚持6年并非易事，这也会是他们求学生涯中具有纪念意义的时光。6年的坚持，让他们收获了知识，学会了做人，明白了坚持的意义，培养了坚持的好习惯，这是一笔不可多得的精神财富。我是幸运的，孩子们也是幸运的，从小接触国学经典，6年的学习犹如春风，带来的是袅袅清香，这清香将一直萦绕在每一位五山学子和师者的心上。"

（4）语言表达方面。语言表达能力的提高更加明显，前面已有介绍，此处不再赘述。

这些能力的提升是必然的，也是有科学原理的。留德医学博士林助雄论证说：儿童读经先不求理解，而只是背诵，表面上看来还是左脑的训练而已，然而就因为背经的过程轻松、有趣，脑波从β波转换至α波，也就是说读经背经的孩子一而再，再而三地有机会缓解身心压力，并能在α波的脑波与潜意识互动的过程中，提升创造力、注意力、判断力及记忆力，并激发灵感。儿童背诵经典的过程类似念唱，眼睛看经典文字是通过视觉作用来刺激右脑，念唱的律动也启动了右脑，而仔细地辨字以便记忆是左脑的工作，因此，整个读经的过程恰好动用了左右脑功能，使左右脑运作得以同步，学习能力可提高2～5倍。其实单从左右脑平衡的目的来看，儿童除了读经之外，就是读其他的东西也会有效果，只要有韵律感地重复念唱即可。然而，一再重复的念唱，即使没有刻意去理解所读唱的内容，这些内容也不只是会存入大脑记忆，它更会烙印在潜意识里，而潜意识的妙处就是无须经过意志的运作，能直接地、默默地、自然地影响人类的思想与行为。所以，儿童读经选择古圣先贤的智慧精华是正确的，因为假以时日，读经的人多少会感受到经典的潜移默化、陶冶性情之功。①

## 二、学生的成长故事

五山小学的孩子犹如芝兰玉树，由内而外都是那么挺拔、润泽、郁郁葱葱，他们与国学的故事可不少。我们不仅讲述这些故事，还编辑成册存放在国学馆内。故事的流传就是文化的传承，我们要让好故事成为教育资源，让故事里的人更加积极而自信，让听故事的人感受到故事里的光与热、故事里的情与理。这样，校园故事将汇成一股能量，温暖激励每一个孩子。

### （一）两个孩子的梦想与愿望

第一个故事是“武术明星的梦想”。故事的主角叫王庆全，年仅11岁，已经获得过几十枚武术奖牌，是全国传统武术虎豹拳和双器械的双料冠军，广东省传统武术南拳、南棍、南刀的金牌得主。

这个虎头虎脑的孩子留着独特而有趣的发型——前额头发只有一小

① 林助雄：《儿童读诵经典与潜能开发》，中华文化断层重整工程，2002。

撮，后脑勺则剃出一个大大的“武”字。王庆全练功的故事让很多学生惊讶与佩服：冬天穿单衣单裤迎着寒风冷雨练功；夏天练得汗如雨下也不能吃冷饮；练眼神时每天要对着镜子瞪眼眨眼，单词重复几百次。他说，最喜欢孟子，孟子的“故天将降大任于斯人也，必先苦其心志，劳其筋骨，饿其体肤，空乏其身，行拂乱其所为”一直激励着他刻苦训练，让他更加坚信自己练武的价值，并把武术训练中的坚韧、顽强迁移到学习中。他还给同学们当小教练，指导本年级同学排练精彩的体育节武术表演节目。他无惧劳苦的精神和出色的武术表演赢得大家的称赞，成为很多学生的榜样，高票当选为五山小学“仁智之星”。他的事迹多次被电视台和报纸报道。当记者问到他的梦想时，他说：“我的梦想就是作为中国武术选手参加亚运会！”他剪下报纸上关于亚运会的报道，并在旁边写上“我也会站在亚运会领奖台上，高唱国歌，看着鲜艳的五星红旗高高飘扬！”

第二个故事是“爱心小天使的愿望”。故事的主角是一个叫王露晓的小姑娘，她善良纯真，富有爱心，和自己的伙伴敖嘉阳定期参加《信息时报》社举办的“爱心小天使”的活动，经常为弱势群体送温暖。

2012年3月，云南遭遇百年不遇的大旱，王露晓给广州市市长陈建华写了题为《饮水思源　关爱珠江源》的倡议书。

**饮水思源　关爱珠江源**

王露晓

陈建华伯伯，您好！

我是五山小学六年级的学生，最近，我们看中央电视台的新闻，看到云南发生旱灾，这是他们第三年发生旱灾。当我们看到跟我们一样的小学生们背水解渴的那一幕幕，心里非常着急。

听经常去云南出差的爸爸说，云南曲靖是珠江的源头，当地的老百姓为了保护珠江的水源和水质，甚至放弃了经济发展。

饮水思源，同是珠江人，当我们看到繁华的广州，总会想起珠江源头那些因缺水而受苦的小朋友。“落其实者思其树，饮其流者怀其源。”

（《徵调曲》）我们珠江下游的人们啊，是不是应该为源头的人做点什么呢？那也是我们的珠江源啊！

我真希望珠江的水能倒流，流满珠江源！不要再让那里的人们缺水了。

去年，我记得这个时候，我们五山小学响应号召，给灾区捐了钱，今年又发生同样的事情，看样子，我们的钱还是不能解决灾区的问题。俗话说，饮水思源，我觉得，云南的旱灾很严重，如果他们能通过打井解决缺水的问题就好了，但是这个好像很难。新闻里说，有一个村民打井打了13米，还是没有找到水。

爸爸曾问过当地人，他们说缺水时，如果每家每户能有水窖的水，也能渡过难关。我就想，如果我们能捐水窖，帮他们储上水，等到干旱的时候，就能用上了，这有多好啊！

陈建华伯伯，3月5日是学雷锋日，我们想，如果雷锋还健在，他一定会想办法呼吁帮助灾区解决困难。不管是捐水窖还是打井，只要能让灾区的小朋友有水喝，就行了，您说是吗？希望您能看到我们的呼吁，能倡导我们的呼吁。

她的倡议书得到了陈建华市长和广州市教育局局长的批示和转发，引发后来全广州市少先队员积极为云南灾区捐款的热潮。王露晓品学兼优，且谦虚低调，深受老师和同学喜爱，被评为“广东少先队手拉手好队员”。

### （二）“小书法家”的兰心蕙质

我校《少儿国学读本》国学小天地板块，给学生提供了书法、国画学习指引，学校开设基础课程，建议有书画爱好、特长的孩子到校外培训机构进行深入学习。这样，校内的经典诵读和校外的琴棋书画学习相得益彰，满足了很多孩子的发展需求，涌现出苏兰恬、李楷旭、卢睿韬等一个个“小书法家”。

▲苏兰恬，人如其名，恬静低调，与人为善，读经典，练毛笔，弹古

琴，全面发展。6岁起就师从书法家李卓明老师，学习书法，她的毛笔字具有优雅含蓄、自然生动的风格。2016年参加抚松书院师生子女书画展，书画家雷铎、郭满园看了小兰恬的参展作品，对她妈妈开玩笑道："你女儿小小年纪就能写魏碑，那长大后写什么？"两位长辈为小兰恬手中的书画作品集题字，微笑着劝孩子坚持学习，把书法当成一辈子的爱好。小兰恬将两位爷爷的鼓励铭记于心，每天学习之余拿起毛笔写写，转眼间已有6个年头。小兰恬的刻苦得到了认可：她每年参加广东省规范汉字书写大赛，多次获得广东省规范汉字软笔组特等奖、一等奖。

在论及国学经典对自己的影响时，小兰恬写道："每一幅书法作品都离不开古文、古诗词，每一张字帖都离不开传统文化。五山小学每天的国学经典诵读，对我学习书法产生了潜移默化的影响。古人写作是用繁体字，也会有通假字，以前临帖时经常会遇到一些生字。而当我背的诗词、古文多了，临帖时就更容易碰到熟悉的篇章或字句，这样就不必逐字逐句上网查资料，下笔能知其所以然，书写自然流畅起来。经典的日积月累让我很自然地就能读懂字帖上的大部分内容，练习起来也就更轻松了。"

多年相伴的书法令小兰恬于刚柔并济背后、一笔一画之间，窥见了国学魅力的一角，惊异于传统文化的博大精深。受国学魅力吸引，她在课余时间开始了古琴的学习。小兰恬说："经典诵读对我的古琴学习也大有裨益。我知道曲子表达什么意思后，在平时弹奏中，尤其弹到《关山月》《阳关三叠》《桃夭》这些可弹唱的曲子时，便能更好把握曲中指法的轻重缓急、情感意蕴。例如，《阳关三叠》是古琴十大名曲之一，谱写自王维的《送元二使安西》，表达文人送别之情。谢东笑老师说，不理解诗意，是弹不出效果的。而我在学这首曲子之前，就已经在学校将《送元二使安西》背得滚瓜烂熟，上古琴课时能听懂老师的教导，学习进度也快了。感恩母校每天的国学经典课程，让我6年来能够轻松背完6本国学经典。我想，它们不仅对书法、古琴学习有益，对我今后的学习也影响深远。国学经典将伴随我的一生。"

▲李楷旭，喜欢诗词，喜欢练毛笔字，还会弹钢琴。他从6岁开始学习书法，师从广东省青年书法家何志权老师，他的毛笔字大气磅礴、稳健刚劲。2019年5月参加天河区师生书法现场决赛时，在场的专家、教师一致称赞他的书法“少年老成、力透纸背”。他曾获得广东省青少年书法比赛二等奖、广州市青少年书法比赛一等奖。

他在四年级时写过一篇练书法的体会《习六艺，练坚毅》。

我刚上小学时，对一切新鲜事物都非常好奇。有一次，爸爸妈妈带我去荔湾湖公园游玩，我看见一位伯伯带着一群小朋友在写毛笔字，龙飞凤舞、非常潇洒的样子。我觉得很有意思，也报了一个书法培训班。进了培训班之后，我才发现练习书法原来是一件“苦差事”，每天都是写横撇竖捺，枯燥乏味。我想打退堂鼓。妈妈看到了，没有直接批评我，只是告诉我书法的根在国学，没有国学，书法是无根之木。妈妈提醒我一定要多读些古代的文化典籍。练书法时，我对临摹书法家的字帖很有兴趣，寻来王羲之的《兰亭集序》、颜真卿的《多宝塔碑》等名帖来看。虽然还不懂得欣赏各家字帖的特点，但却在爸爸妈妈的引导下，知道了我们的汉字是世界上唯一的从古代一直演变过来而没有失传、间断过的文字。我从《少儿国学读本》上了解到中国书法经历了甲骨文、金文、篆书、隶书、楷书、行书、草书等阶段，各个历史时期所形成的各种字体，有着各自鲜明的艺术特征。这也让我产生了要练出“颜筋柳骨”般书法的梦想。

练习书法的大部分时间还是很“痛苦”的，要放弃玩耍，忍受孤独。有一次，为了完成书法练习任务，我就信手乱写，一个劲地图快，写的字结构不好，被爸爸和老师狠狠地批评了一顿。我把自己关在房间里，直掉眼泪。哭了好一会儿，我自己坐在那里反思，觉得大人说的“欲速则不达”是有道理的，要写好毛笔字不可能速成。我想起国学课堂上学的陶渊明的那一句名言：“勤学如春起之苗，不见其增，日有所长；辍学如磨刀之石，不见其损，日有所亏。”这不就是说练习书法要有恒心吗？于是，我咬咬牙还是坚持了下来。后来，经历参赛、获奖、展示，我不断尝到刻苦练习书法的甜头。每年春节前老师都要组织我们去各大公园参加“金童送福”的挥春公益活动，见到那么多爷爷奶奶、叔叔阿姨抢着要我写的春联和“福”字，我的心里比蜜还甜！书法练习促成我稳重的性格，也陶冶了我的艺术情操。

李楷旭还对古诗词有浓厚兴趣，背诵了1000多首诗词。丰富的诗词储备、良好的语言感受力让他轻轻松松就能学好各门学科。2019年6月16日，他参加首届广州小学生诗词大会总决赛，一路过关斩将，最后荣获季军。谈到诗词对他的影响时，他说：“我常常从诗词中得到激励，比如，《定风波》中苏轼的那一句‘谁怕？一蓑烟雨任平生’，诗人的旷达、勇敢总是让我在忐忑不安时能够镇定下来。”

### （三）毕业后的感受与表现

我们的毕业生回校见到老师，谈得最多的就是国学课程对他们的深刻影响，感谢母校给了他们厚实的古诗文底子，给了他们丰厚的精神滋养。

1. 问卷调查和师生访谈。

为了解国学教育对学生升入中学后的影响程度，以及学生升入中学后对国学经典的学习态度，进一步完善国学经典课程评价体系，2016年4月，我们对我校三届毕业生进行了跟踪调查。调查方式包括问卷调查和师生访谈，并设计了“小学国学经典教育对中学学习的后续影响问卷调查”。研究的样本取自对口中学七、八、九3个年级的学生，他们在小学时分别就读于该中学对口的5所小学。我们共发放问卷1990份，回收问卷1410份，其中毕业于五山小学的有263人。

问卷调查设计了18道题，内容包括学生原就读小学开展国学教育的情况（图10至图12）、对国学经典的认可度、国学对升入中学后学习的影响（图13至图15）等。我们将五山小学毕业生的问卷和其他学校毕业生的问卷结果进行对比，分析如下。

从图10、图11、图12可以看出，五山小学将国学经典课程纳入学校的课程体系之中，不仅内容系统，相关学习活动也是多样化的。毕业于五山小学的学生对《论语》《道德经》以及蒙学读本“三百千弟”、名言、古诗词等都有涉猎，而毕业于其他学校的学生对《论语》《弟子规》《三字经》、古诗词等有所了解，对其他国学经典则少有涉猎。五山小学学习国学经典的时间是固定的、有保障的，其他学校大部分没有专门的国学课程（“偶尔上一下”占比76.0%，“没有国学课”占比24.0%）。五山小学将经典的学习渗透在教育教学活动中，给学生提供了很多交流、展示的机会，而其他学校虽然也有一些经典教育活动，但投入时间和活动种类比五山小学少。

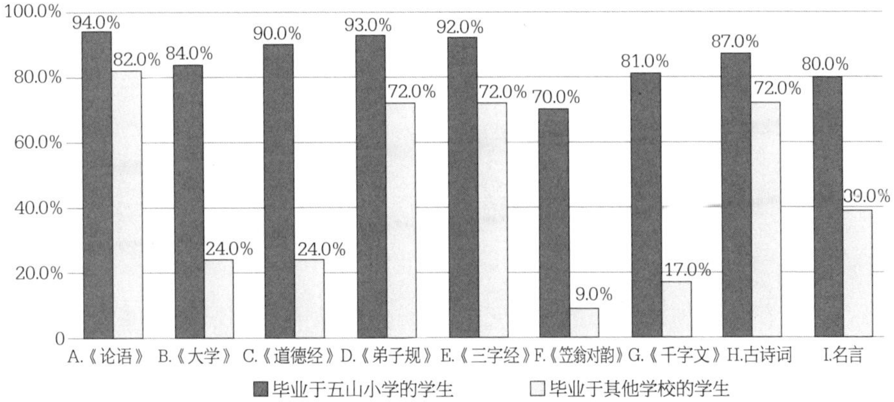


**图10　你就读的小学组织你们读过的国学内容**

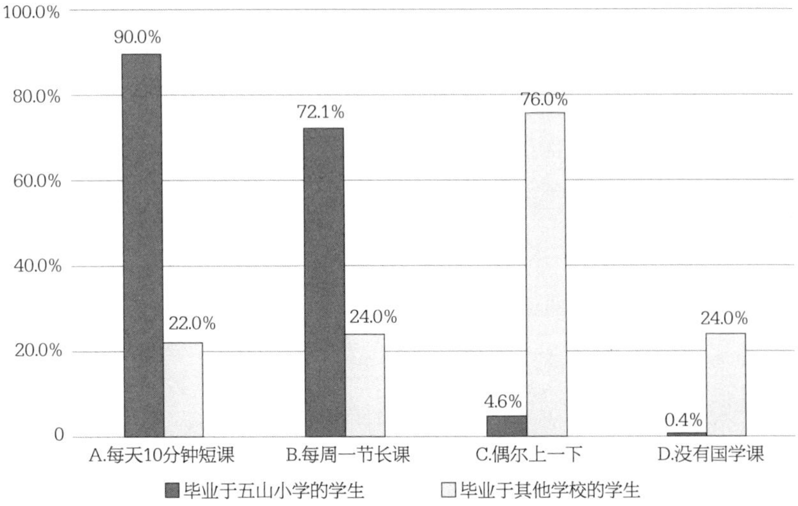


**图11　你就读的小学国学课的上课时间安排**

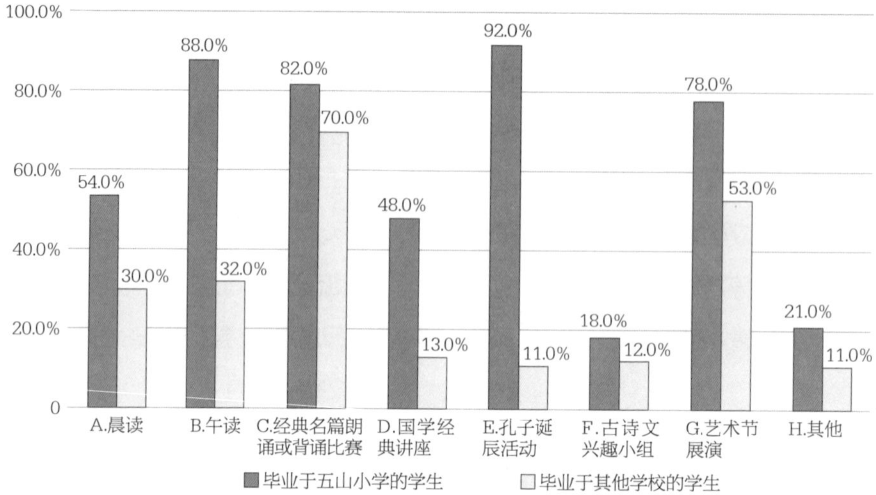


**图12　你就读的小学开展国学经典教育活动的情况**

由图13、图14、图15可以看出，五山小学的毕业生对学习国学经典课程认可度相比其他学校的毕业生更高。他们因长期接受经典的浸润，对经典是心存敬意的，经典在他们内心深处占据了很重要的位置。他们绝大多数人认为在小学阶段积累了大量的古诗古文，汲取了丰富的精神财富，不仅增强了语感，提高了语文学习的能力，而且经典诵读使其对中华传统文化产生了浓厚的兴趣。虽然学习国学经典占用了一定的时间和精力，但由于评价方式的多元化，学生们并不觉得有很大的学习负担。而毕业于其他

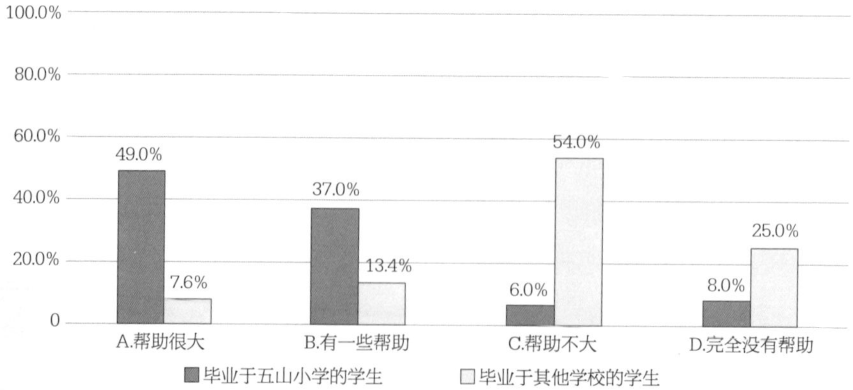


**图13　小学阶段背诵经典古诗文对你中学语文学习是否有帮助**

学校的学生对经典的认识较模糊，他们没有深切体会到经典带给他们的实效，图14中除了选项H“增强记忆力”占比达到了43.0%，其他数据均没有超过35.0%。这说明，其他学校国学经典学习还不够深入性、持久，难以对学生产生积极的影响。

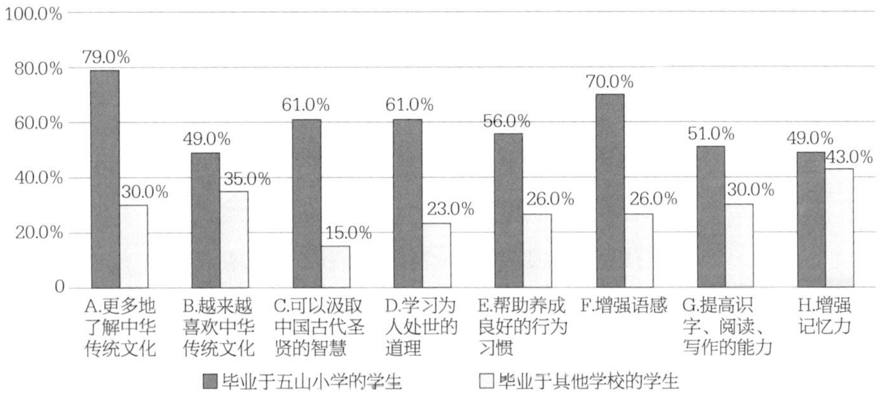


**图14 背诵国学经典的好处**

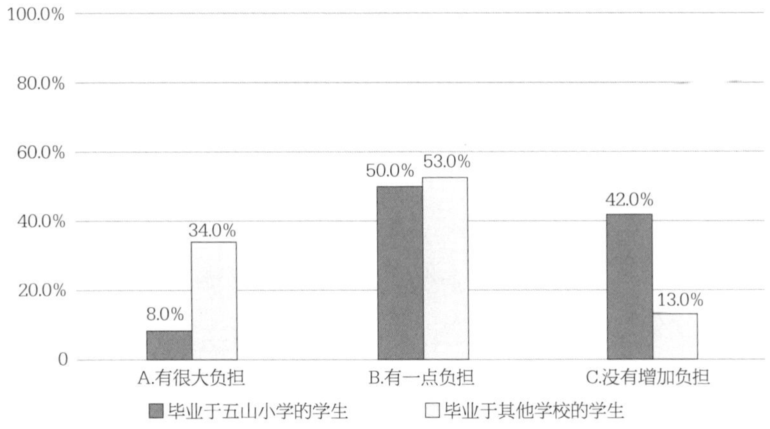


**图15 国学经典的学习是否加重了你的学习负担**

学生访谈采用随机集体访谈的方式，选取了毕业于五山小学的初一、初二的9位学生，参与教师访谈的是对口中学初一、初二年级的语文老师、班主任及初一、初二年级级长。访谈内容涉及经典诵读对学生的影响以及教师和学生对该课程的看法与态度。

①学生访谈。

访谈者：你认为小学诵读经典对中学语文学习有帮助吗？

学生A：帮助很大。再见到小学背诵过的文章，有“老朋友”的感觉，背诵基本不用花太多时间，可以把时间花在更深层次的理解上。

学生B：小学背的很多经典对阅读和表达有很大帮助，小学就应该多背经典。

访谈者：与其他学校的学生比有什么不同？

学生C：看文言文不一样，有的学校小学没有接触文言文，一看到文言文就蒙，而我们则很顺，因我们小学打好了底子，所以在语文学习上有一种自豪感。

学生D：与其他学校的毕业生相比，我们五山小学的毕业生正能量更足，对口中学学生会和团委的干部多数都是五山小学的毕业生。

②教师访谈。

访谈者：你们认为小学诵读经典对中学学习有帮助吗？

教师A：小学多背一些古诗文，为语言学习打基础，特别是背完整篇章，对作文布局谋篇有帮助，而中学学习科目多，时间紧，没有时间背，应在小学多读多背。

教师B：小学背诵训练得好，是一种能力的培养。

教师C：写作文时五山小学的毕业生能引用一些经典的句子，如《论语》中“三人行，必有我师焉”“见贤思齐，见不贤而内自省”等名句，能学以致用。

访谈者：诵读国学经典对学生的品德方面有没有特别影响？

教师D：这个不好讲，也不要把经典教育的功能想得太强大，但对语文学习明显有帮助。

通过教师访谈可看出，教师们对在小学开展经典诵读的认识较为理性。参与访谈的教师认为，经典对提高学生的背诵能力、写作水平以及语文学习能力是有帮助的。这是经典诵读的优势所在，但也不要把它的功能说得那么强大，经典并不是包治百病的良药。所以，他们赞成在小学阶段，让孩子们多背诵经典，特别是一些思想性和艺术性俱佳的名家名篇，多积累、多背诵，从而增加学生的人文积淀，拓展学生的精神空间。[①]

2. 毕业生个案。

▲陈瀛，2009届毕业生，现为中山大学学生，已获保研资格。研究中西哲学，以优异成绩通过全国大学英语六级考试，并获得日本语能力测试（JLPT）N1等级证书。儿时的经典诵读促成了她的缜密思维和出色文笔，她在公众号、豆瓣和各类小说网等网络平台发表原创文章以及英语、日语类翻译作品100余万字。谈到五山小学经典诵读对自己的影响，她写下了这段话。

小时候，以为学国学以大声背诵为主，通其意为辅，国学课的讲解对一个10岁出头的孩子而言并无实感，权当语文考试要点记下。在我对国学学习的初印象中，朗朗上口、节奏分明的古诗文和蕴于其中的道理之间存在巨大的隔阂——不仅字面与句意之间有着距离，而且书本和现实也犹如不相干的两个世界。诚然，不能强求小学生完全理解儒释道的深刻广袤，但假如其中缺失了“生活”本身，那么在一个孩子眼中，再美妙的国学文句也流于与己无关的修饰，乃至成为增加负担的日课。

深悉孩子们的苦恼，五山小学尤其注重言传身教。一方面，我们不仅学课本，还每日晨读、午读，也学习墙上张贴的名言名句；另一方面当我们对“欲胜人者，必先自胜；欲论人者，必先自论”一知半解时，老师们却能在具体的待人接物中向我们展现他们的理解，在言行举止中让我们认同。

其中令我记忆犹新的，当属教国学课的熊萍芬、兰润花两位老师。熊

① 许凤英，曾瑜：《新课程背景下国学经典课程多元评价体系的构建研究》，结题报告，2018。

老师脸上总是挂着温暖可亲的微笑，亦师亦友，让刚入小学不久的我们亲悟“亲其师，信其道”的至理。兰老师的一节公开课《〈论语〉——修身之道》，令我们印象深刻：老师从《论语》中择出言简意赅的格言，从“忠、信、恕”三个角度讲述儒家修身处世的精神风貌。但兰老师并不是在课堂上空讲大道理，而将它们升华为日常生活实践的智慧，即便毕业多年，兰老师身上的忠恕之道仍影响着我待人接物的方式。不止于心，仍行于身。正是老师们以德载道的品行，使我们对国学体贴入妙。在后来的学习生涯中时常碰到一些谬论，以为只要把经典名言宣布为板上钉钉的教条，在孩子耳边灌输个一千遍，孩子便水到渠成地具备了“君子风范”。他们忽略了在背书与合上书之间，孩子首先是看着大人的背影长大的，较之用话语理解话语，一个孩子更习惯用人理解话语。什么才是好的？什么才是对的？“我要遵循儒家思想为人处世”对小学生来说太抽象，“我想成为教国学的熊老师、兰老师那样的人”却更贴近彼时的体验。

思想传承的接驳点总在生活本身。幼年的我时常愤懑不平：如果不懂意思，背下来又有什么用？如果连做人都不会，写一手好文章有什么用？如今回想，国学经典之所以渗进我的价值观，只因它是活生生的伦理生活，是那些对经典心怀热忱、以国学为良善的大人们真实呈现给我的道德世界的形状。在这一点上，五山小学的国学教育方针功不可没。

▲和风，2011届毕业生，现读大学。和风读初中时，他的妈妈遇到我，讲了和风在广雅中学的故事。语文课上学习文言文时，好多同学读了几遍还磕磕绊绊，和风常常读三两遍就可以背诵，因为小学的国学诵读让他有了非常好的语感。语文老师问他：“为什么有这么好的底子？你的爸爸妈妈是研究古文的吗？”和风说：“我爸是自由职业者，我妈是军人，我在五山小学已经背过很多篇古诗和古文了，所以古文学习对我来说一点都不难。”

▲曾煦然，2011届毕业生。她在广东省实验中学南山班读高中时，看到清华大学新设经学班，要求学生受过系统的蒙学教育，激动万分。小学

阶段的蒙学篇章让她记忆犹新，让她对民族文化产生了深厚的感情，立下一生为之奉献的志向。她不要父母给她提议的金融专业规划，要追求自己的理想。我应她的要求为其写了推荐信。

▲董超越，2014届毕业生，现读高三。小学阶段诵读《论语》带给他深刻的影响。他对小学时的经典诵读做了如下表述：

我的母校五山小学发给我们的一套《少儿国学读本》共6册，我一直珍藏着。国学书中收录了大量的国学经典著作，一辈子都可以阅读。其中对我影响最大的是《论语》。

《论语》中蕴含的求学之道让人受益匪浅。“三人行，必有我师焉。择其善者而从之，其不善者而改之。”这一句名言与高中课文《师说》相互照应，它让我明白了老师不一定要比弟子贤德，弟子也不一定不如老师，只是人人学习的时间和自己所擅长的不同罢了，从师求学之道，没有富贵之说，也没有贫贱之说，只要有疑问的地方就是师道存在的地方，只要是能帮助解决问题的人，都可以作为自己的老师。这句话让我养成了积极向同学、向老师提问的习惯。

《论语》中的君子之道更是意义非凡。《论语》中讲述最多的便是何为君子，例如“君子坦荡荡，小人长戚戚”“文质彬彬，然后君子”“君子喻于义，小人喻于利”。从小学习这些经典名句对我的人生观和价值观产生深刻影响，在遇到事情时，我会思索什么应该做，什么不能做，懂得了君子应该“行所当行，止所当止”。也许我现在还不是一个君子，但我一定不是一个小人。可以说，没有《论语》的学习，就没有现在这个明事理的我。作为一名国学经典的受益者，我建议大家多读国学，只有当你真正了解国学，你才会知道我上面所说的不过是九牛一毛罢了。

▲卢睿韬，2017届毕业生，现读初三。他7岁就开始学习书法，师从晏南书院的范艺凡老师，几年的坚持让他练出了清秀灵动的毛笔字。范老师评价他的字说：“‘韬哥’的字是自带清气与才情的，仿佛在用笔尖弹琴呢。”卢睿韬还学习长笛，长达8年，坚持至今。他获得规范字大赛、

管乐大赛、书信大赛的很多奖项。谈及小学国学课程对自己的影响，他写道：

初中的学习生活紧张而充实，同学间你追我赶，人也会焦躁起来。每次临近考试，宿舍里没有了闲聊，班里没有了窃窃私语，每个人都拿着书本争分夺秒地复习。在压抑的气氛下，我感觉到压力越来越大，效率也渐渐降低了。我决定参加书法社的社团活动。正值夏日，书画室也没有空调，我专心临写“天道酬勤”，整个人就沉浸在墨香之中。当我望着写好的这四个字，顿时恍然大悟，想起小学国学老师解释过这句话：“上天会按照每个人付出的勤奋，给予相应的酬劳。多一分耕耘，多一分收获。”我再次铺纸、润墨、提笔，再次挥毫临写“天道酬勤”。随着一笔一画的舒展，我的情绪也渐渐舒缓，等到收笔的时候，浑身轻松了。放学回家，心情愉悦的我迅速完成了两张练习卷。那时候我才明白，原来写毛笔字可以释放压力，压力小了，我的注意力明显集中，学习效率也提升了很多。

现在，每当我感到压力大时，都会随手拿起小学国学读本，找几句心里有感触的名言写下来。倒上墨汁，铺平纸张，压好镇纸，提起笔，一横、一竖、一撇、一捺，挥毫间，我已经少了一分急躁，多了一分从容。

一届又一届的毕业生有着各自的成长状态，但对小学的经典诵读却有着共同的感情，这种念兹在兹的情感总是唤起他们对小学生活的美好回忆。他们对传统文化中关于“家”“集体”的认识很特别，归属感很强。我们在中学校园遇到我校的毕业生，他们常常表现出与其他学校毕业生不一样的积极状态，热情地打招呼，远远地跑到你身边，有的还要和你交谈几句，让人感到温暖。而每年的教师节前后，他们必会成群结队地回来看我们。

在五山小学30周年校庆那天，300多名校友放下手中事务，不顾山高水远，从四面八方赶回他们朝思暮想的校园。他们如孩童般找寻岁月痕迹，和曾经的恩师笑谈相认，在过去的课室静坐沉思，戴着纪念徽章，穿着自制的校庆服装，徜徉在校园的各个角落。那天，我们的校歌《子衿谣》响彻了整个校园，更激起了来宾的浓厚兴趣。我的女儿说：“妈妈，这是我目前听到的最棒的校歌！当年西南联大的学生说，一辈子都记得他们校歌里的‘中兴业，须人杰’，校歌激励他们奋发图强，后来成为国家的中流砥柱。你们学校的学生好幸福，从小就系统学习国学经典，这校歌一遍又一遍播放，就是提醒孩子们从小就要有文化自信、民族担当意识。旋律也很好，听几遍就忍不住想跟着唱。”没学过校歌的早期校友们，听了一遍不过瘾，流连在校史馆里看歌词，还请学弟学妹们教他们唱。那时，我也在校史馆里，忍不住与孩子们一起唱起来：“青青子衿，五山之阴。开蒙始习礼仪，垂发方知仁亲。养我浩然正气，书我凌云墨香。传承千古文明，担当中华复兴……”不知不觉，天色已暗，可大家眼中放光，越唱越激动，我也心生豪情，仿佛真要“领着他们上前去”。

教师篇

# 教学相长，进德修业

“君子进德修业，欲及时也。”课题的研究、校本教材的研发、课堂模式的创建，提高了我校教师科研水平、教学能力，促进了研究型教师群体的形成。教师与学生同读同诵，边学边教，且思且行，从胆怯、畏惧的生手变成了从容驾驭国学课堂的行家里手。

# 一、教学相长

最早的专门论述教育和教学问题的论著是《礼记·学记》，里面有这样一段话："虽有嘉肴，弗食，不知其旨也。虽有至道，弗学，不知其善也。是故学然后知不足，教然后知困。知不足，然后能自反也。知困，然后能自强也。故曰教学相长也。"教和学是互相促进、共同提高的。

## （一）师生同读同诵

大多数教师没有系统地读过经典，没有多少古诗、古文底子，为此，学校要求实验教师带头学习，通读国学读本中的文言文、唐诗宋词等，长期聘请热心推广国学的离休教师郑千一当实验顾问，定期邀请北京师范大学郭齐家教授、华南师范大学陈汉才教授等对教师进行专题培训，邀请特级教师、教研员进行教学实践指导。寒暑假，给教师布置读经典的作业，开学前进行检查，有书面考试，有口头抽背。

这样的"逼迫"促进了教师的快速成长。郑凡老师任教高年级，她跟着孩子们背诵了《大学》《论语》等很多经典篇章，她说："与国学接触4年多的时间，我也是从懵懵懂懂到受益颇多。说实话，资质浅薄的我后天学习也不够，所以在这一本本的国学读本中，我也会经常遇到不认识的字、不理解的句子、不明白的意思，也时常被学生问得哑口无言，所以在教学的过程中，除了教学生，其实更多的是自学，或许这就是所谓的教学相长吧。虽然有些内容在学生时代是学过的，但其实只是一知半解，现在要教学生，我不能不细细研读，觉得是学生'逼迫'我成长。除此之外，记忆力惊人的孩子们也让我下决心锻炼自己的记忆力，经常跟着他们一起诵读，我也很有成就感，那些篇幅很长的古文，就这样跟着他们背下来了。是国学教会了孩子们坚持，是孩子们的坚持带着我一起前进。"

李淑君老师多次承担区内外国学公开课，每一节课例的打磨都让她更加敬畏课堂，静心学习、历练。她说："我在天河区经典诵读工程启动仪式上上了一节公开课——《我读〈大学〉》。课后，有个专家提出了一个问题：你对'格物'的理解是什么？我一直认为'格物'是指去研究自然中的万事万物，听专家一说，我心已胆怯，是我对文本的学习和理解错了吗？后来我去翻阅了很多名家大师对《大学》的注解，我发现专家当时的问题真是一针见血，他看出我对文本的解读不够深入，看出了我因为面对的只是小学三年级的学生而在教学过程中出现的轻慢心理。他似乎警示我，在职业生涯中需要有敬畏心理，因为小学老师就是在一张张纯洁的纸上画画，以更专业的方式去描绘涂色才是应有的姿态。

"当我渐渐对自己贫乏的知识储备痛心疾首时，当发现自己的能力还驾驭不了我的教育教学目标时，当发现自己的才华还无法让我在职业领域轻车熟路时，我只能静下心来学习，沉下心来历练。于是，每一次课堂上学生的质疑、有过的讨论，都会引发我心中的又一番思考。我必须走进国学大师的著作，去寻找有关文学、历史、哲学的印迹，提高自己的阅读品质，进行有效的阅读和学习，以促进自己对国学典籍的理解。同时，我也愿意走进大学教授的课堂，聆听傅佩荣教授的《〈论语〉三百讲》，跟随于丹听她用说书般的方式以及现代眼光解读《论语》，我还挑选了余秋雨先生的文化课程，走一走他一程又一程关于世界文明古国的文化苦旅，在他的千年一叹中感慨中华文脉的坚韧顽强和源远流长。

"后来，在清华大学物理系的教授们身上，我感受到了'格物'的魅力，教授们说大学是君子人格形成的最高境界，'格物'是指中国古代的物理学，是君子精神的建设、君子人格养成的起点。他们对于科学的执着和热爱，让他们在各自学术领域里孜孜以求，获得真知。他们以此为起点，置身于改造社会的洪流中，拥有了治国平天下的力量，国学的价值在他们身上得到了完美的诠释，他们是我这个承担小学国学教育的教师永远的榜样、永远的航灯。”

李淑君老师的感受是真实而深刻的，也代表了很多老师的感受。这10多年间，我也一直与学生同读同诵，补学了很多经典，凡要求学生读背的内容，自己通读了好几遍，时间一长，不知不觉就积累了很多经典，当感觉腹有诗书时，说话便有了底气。尤其是研发校本教材《少儿国学读本》时，作为主编，我查阅了大量的古籍资料，反复地推敲诵读内容呈现的先后顺序、方式，反复比较不同版本的古文、译文的权威性，反复校对每一字、句、标点，以保证教材的品质。所以，现在说话、写作游刃有余，讲道理不再苍白，下笔不再干涩，能够自然地引用经典，而不是刻意附庸风雅。当然，我的学习仍然是不够的，尤其是每次听国学专家、国学大师谈经典，越发觉得自己的底蕴不够。

众多经典各有价值，《论语》必读，且要多读。郭齐家教授一直提倡师生多读《论语》。郭老师自己就是终身研读经典的典范，每次拜访他，都发现他老人家的床头案几上仍然摊着国学经典，他把《论语》读了上千遍，但还在读。中国台湾王财贵先生说："一个中国人，如果没有读过《论语》，简直不算中国的读书人。"王财贵先生在大学任课时，与学生相约：有谁在一学期之内，把任何一本经书读完100遍，他的成绩便从90分打起。因为他认为，只要一个人把任何一本经典读100遍，他必能变化气质，开阔胸襟，启发智慧。① 我们的《少儿国学读本》第四册、第五册都编选了《论语》，其中1～10章是全选，11～20章是节选。

我和教师们不仅读《论语》原著，也读《论语》的译著，把杨伯峻、傅佩荣、贾平凹、柳恩铭等专家的译著都发给教师研读。我读柳恩铭博士的《论语心读》很投入，还写了读书报告。《论语心读》通篇散发着昂扬积极之气，给了我继续探索经典教育的信心与力量。柳博士说："'人不知而不愠'，面对蹉跌'反求诸己'，在反思中提升则'人皆可以为尧

① 王财贵：《读经二十年》，中华书局，2014。

舜’。渴望被认识、渴望被了解、渴望被赏识、渴望被尊重是人的本能本性。如果不被社会认可，不能被社会选择，那是因为自己的实力不到，能力不到，冲击力不到，影响力不到。不怨天尤人，不自怨自艾，一事当前敢于担当，一事失败‘反求诸己’。”[①] 开展实验的这些年，我不断告诫自己和其他教师，搞教育不能急于求成，需要有一颗耐得住寂寞的心和一种吃苦耐劳、坚持不懈的精神。回想之前走过的日子，自己表面不躁不恼，内心总有如丝如缕的抑郁。“人不知而不愠”便成了我这些年潜心实践的镇静剂、抚慰剂。《论语心读》也让我认识到，要读懂《论语》，就要如国学大师熊十力先生所说，“会读书的人，以自己的至情与作者精神相冥会”[②]，这样才能读出“真实的孔子”，才能做到“人不知而不愠”“不患人之不己知，患其不能也”。

### （二）开展课题研究

教师培训除了日常的学习交流，还有很重要的一环就是营造研究氛围。这种研究氛围对教师的影响是长期的、深层次的，关系到学校和教师的可持续发展。我校的国学研究课题（其中有8个课题是我主持的）先后在省、市、区立项（表8），课题研究层层深入，实验工作逐渐严谨，成效也步步提升。例如，我校开展市级课题“实施中华经典文化诵读工程的有效性研究”，紧紧围绕经典诵读的几个问题深入探讨，如，小学生诵读经典的有效性如何体现、为什么在6～13岁这个年龄阶段诵读效果最好、学习时间为何采用每天10分钟和每周一节国学课、为什么以集体诵读为主以及如何减少遗忘等，从而把握少年儿童诵读经典的规律，寻找实验依据。

① 柳恩铭：《论语心读》，中华书局，2014。
② 熊十力：《体用论》，上海书店出版社，2009。

表8　关于国学的课题研究及研究成果

| 编号 | 立项时间 | 课题名称 | 立项单位 | 结题与研究成果 |
|---|---|---|---|---|
| 1 | 2001年 | 小学生经典文化诵读工程 | 天河区教育局 | 2007年结题 |
| 2 | 2006年 | 实施中华经典文化诵读工程的有效性研究 | 广州市教育局 | 2009年广州市第七届教学成果一等奖 |
| 3 | 2007年 | 让国学走进学生生活的实践研究 | 天河区教育局 | 2009年结题 |
| 4 | 2008年 | 构建国学校本课程，促进学校整体效能提升的实践研究 | 广东省教育科学规划领导小组办公室 | 2015年广东省“百系列”学校德育优秀成果二等奖 |
| 5 | 2009年 | 新课程背景下强化经典文化教育研究团队 | 广州市教育局 | 2013年首批广州市教育系统创新学术团队 |
| 6 | 2013年 | 新课程背景下国学经典课程多元评价体系的构建研究 | 广州市教育局 | 2017年广东省特色教材一等奖 |
| 7 | 2015年 | “浸习式”小学国学课程的建构与实践研究 | 广州市教育局 | 2018年广东省基础教育教学成果二等奖 |
| 8 | 2015年 | 依托国学校本课程，构建仁智德育体系的实践研究 | 广东省教育厅思想政治教育处 | 2018年广州市第五届中小学德育创新成果一等奖 |
| 9 | 2015年 | 小学生国学素养教育的课程建构与实施策略的研究 | 广东省教育科学规划领导小组办公室 | 2018年结题 |

课题研究从市“十五”规划课题到省“十一五”、市“十二五”、市“十三五”规划课题，从单方面内容研究（教材研发、教师队伍建设）到学校整体效能的研究。学校以省级德育重点课题“依托国学校本课程，构建仁智德育体系的实践研究”、省课改重点项目“小学生国学素养教育的课程建构与实施策略的研究”为核心课题，再以年级组为单位分解研究目标，确定若干小课题，每个年级设立小课题研究组长，由组长牵头将小组教师团结在一起，共同研究。小课题研究使年级每个教师都能真正参与到研究中，更多的教师作为课题负责人，研究的主动性和切磋交流频率顿时提高。这样，全校性的大课题研究由于有了小课题的支撑，就变得丰满起

来。例如，我校各个年级的小课题：《弟子规》对学生行为习惯养成研究（一年级）、掌握学习的方法——《论语》中学习方法对学生形成良好学习习惯的研究（四年级）、诗词鉴赏能力培养——赏析苏轼诗中的景物描写（五年级）、国学经典的读悟结合教学法研究（六年级）等。逐层深入的研究使经典诵读实验进展顺利，也提高了教师研究经典的兴趣和能力。

课题组骨干教师曾瑜负责课题的组织实施、收集并整理课题资料，经历了几个课题的研究与结题后，她的科研素养越来越高，思维缜密，组织严谨，撰写和整理文本资料有几万字。她在带领教师聚焦课堂教学研究时，能够抓住问题关键，研究效果好。她说："一提到'国学'和'课题研究'，大家都觉得有种高不可攀的感觉。其实我们的国学研究是很接地气的，研究内容都源于教师平时的国学教育实践，从教学内容到教学模式，把问题当作课题来研究，边学习边摸索，边研究边反思，边反思边完善，渐渐形成一系列研究成果，是典型的行动研究。以课堂实施为例，四、五年级的教师觉得《论语》不好读、不好懂，因为《论语》是语录体文章，章节多且没有内在逻辑联系，不像韵文读起来朗朗上口。《论语》是儒家思想的精华所在，凝聚了许多深刻的道理。我就指导教师们进行了几次头脑风暴，大家发现《论语》中论述最多的是'君子'，围绕'君子之道'和'诚信''孝亲''勤学'主题的句子散落在各个章节，如果只是让学生们按照章节来读背，可能无法充分感受到其中的精妙。于是，我们决定根据学生年龄特点，在《论语》中精选了'勤学之道''孝亲之道''交友之道''诚信之道''为人处世之道''安贫乐道''君子之道'这几个主题进行教学，并通过校内多次教材研读和试教，确定每个主题精选3~4句作为一节课的教学内容。这样，大家在开展《论语》课例研讨时就有了清晰的思路，推出了好多节优质课例。2018年11月，在接待广东省'读写诵'国学骨干教师培训班来校观摩时，李淑君老师执教《走进〈论语〉——安贫乐道》。广东省第二师范学院中文系教授余志明点评说，李老师对教学内容的选择和处理很独到，学生把深奥的文字理解与鲜活的生活实践结合得恰到好处，能把安贫乐道的思想体会到位，实为难得。”

2018年“小学生国学素养教育的课程建构与实施策略的研究”结题时，广东省教育研究院基础教育研究室谢绍熺主任、华南师范大学曾文婕教授、特级教师游彩云、天河区教师发展中心房燕副主任等专家对我校的研究给予高度肯定：

五山小学国学课程提出的“浸习式”课程理念在省内乃至国内都属创新，提出的涵养型课程目标能够细化为知识、能力、情意、行动目标，并能分年段推进，这在省内也是创新的。精粹化的课程内容突出了课程的专题性、系统性、层次性，符合学生的认知规律。在课程实施方面形成的全方位课程实施策略，不但符合学生认知发展规律，而且符合学校实际和发展方向。多元化的课程评价体系和践行式仁智德育体系都是本项目研究的创新之处。本项目研究有较高的实践成效，对学生综合素养提高、教师专业发展和学校品牌形成都具有显著的效果。

## （三）研发校本教材

实验教师是校本课程的实施者，同时是校本课程的建构者。由于没有系统的国学教材，教师团队就在专家的指导下，自己编写校本教材《少儿国学读本》。

作为主编，我自己统领全套丛书，确定丛书编写体例、内容架构、呈现方式等，然后根据编委的业务能力和个人所长进行分工。分工是按照内容给编委分配任务，而不是按年级分，这样保证整套书的风格一致。比如，名言部分，一年级至六年级的名言共120句，由一位编委统编，她要根据学生的年龄特点，确定各年级主题并选择相应内容。编委们各自独立完成各部分内容，严格遵从郭齐家教授的指导——“全文选入”、不能出现“硬伤”（原文不能有错字句）、原文的注释务必参考权威版本等。编委们压力很大，因为他们要比较若干种同类书籍后，取众家之长而确定编选的内容与编排格式，查阅的典籍、参考的书目有近百本之多，有时为判断一句格言、一首诗、一篇古文的哪个版本更权威，要查证大量古籍。丛书的研发使编委们的国学素养和文学修养得到明显提高。这支团队不仅研发本校的国学读本，后来还参与中华书局《中华文化基础教材》的编写。

熊桂文和罗碧湖两位副主编负责提供样例、整理编委书稿、反馈出版社意见。实验起始阶段，熊桂文老师任教高年级国学课，承担着示范引领任务，为后来指导其他编委编写教学案例积累了经验。她说："我与国学课程结缘十几年，实验初期为接待APEC（亚太经济合作组织）教育项目调研、香港小学校长考察团等执教了《论语·里仁⑤》《君子与小人》《名言擂台赛》等国学示范课。作为《少儿国学读本》副主编，我要给教师们提供编选样例，第一版的《论语》由我起稿，为后面几次修订与完善奠定了基础。《〈少儿国学读本〉教学指导用书》的主体内容是35个教学案例。国学课教学案例的参考资料很少，编委们都希望有样例指引。于是，我就先编写一年级至六年级的小古文教学案例，从低年级的《夸父逐日》到高年级的《五柳先生传》，6个原创案例都按照"教学内容—教材解读—教学目标—教学过程—教学资源"等5个部分架构，教学过程尽可能详细，便于教师借鉴与操作。6个年级的案例编写既要体现学生年龄特征，又要表现不同文本的特点。这样的精耕细作让我废寝忘食，但也促进了我的国学素养的提高。之后，我又参与由商务印书馆出版的《广州市中小学校园经典阅读推荐书目指导用书》的组稿与撰写，《〈孔子的故事〉导读》等5篇文章被收录。"

兰润花老师说："从2006年到现在，我积极参与《少儿国学读本》的编写与修订，全套6册教材中的名言格言全部由我编选。为了便于不同年龄、不同认知水平学生诵读，将名言以主题方式进行归类，分配在不同年级，我查阅了不少古籍，从先秦到清代的古诗文中精选出120句经典名句。编写工作对我是非常好的历练，提升了我的研究能力、记忆力，《少儿国学读本》中的120句名言我都能脱口而出，并且知道其含意和出处。2013年8月，我参与云浮市传统文化教育读本《立树德人》的编写工作，独立承担一年级上、下两册书的编写，该教材由广东人民出版社出版，在云浮市全市推广使用。我的国学底蕴也在教材的研发中厚实起来了。”

贺立群老师负责《论语》9—16章以及《道德经》全文的校对及译文的修订。由于《道德经》的版本很多，团队决定选用陈鼓应教授的《老子注译及评介》。这部专著很厚实，每一章都有原文、注释、今译、引述，学术容量大。贺老师初读时感觉很累，有点烦躁，后来细读了陈鼓应教授几次修订的说明，她被作者严谨治学的精神深深打动了，也进入一丝不苟的修订状态。她说：“我原本对《论语》《道德经》的理解并不深，自觉国学底蕴不厚，在校对修订过程中，我逼着自己多次通读全文，并买了不同版本的《论语》《道德经》作参照，反复研读，尤其是陈鼓应教授的《老子注译及评介》，然后通过比较分析，再选用最适合小学生的注解。陈教授的《老子注译及评介》于1970年由台湾商务印书馆印行。数年后，马王堆帛书《老子》出版的消息传来，他看到相关文章，就对著作进行大幅度的修订，于1983年由中华书局发行。1984年至1996年间，他在北京大学讲授老子庄子哲学课程时，发现注译方面有不少尚待订正之处，于是回到台湾又对书进行修订。1993年湖北荆门郭店村战国楚墓又出土了为数众多的竹简，其中竟然出现三种《老子》摘抄本。这批比马王堆帛书早上百年的珍贵文献，让他激动不已。所以，他又参照郭店楚墓竹简对书再行修订[①]。作者一次次呕心沥血地修订自己的专著，这种对自己作品近乎苛刻的态度让我敬佩不已，也让他的这本书成为我心中的‘最权威版本’。我对照陈教授的书一遍又一遍地细读，经过‘上下求索’的修订后，5000多字的《道德经》对我来说，已不像从前那样深不可测了。”

李穗湘老师说：“我在2010年加入《少儿国学读本》的编写与修订，先后负责《论语》前8章、《大学》《声律启蒙》。在查阅了系列古典诗词创作论述及评价文献后，我觉得《声律启蒙》的行文叙述更严谨优美，

① 陈鼓应：《老子注译及评介》，中华书局，2015。

影响力也更广，作为范文更合适。于是，在2018年再次修订《少儿国学读本》时，我负责将三年级的《笠翁对韵》改为《声律启蒙》。我要摒弃原有的编写基础，从头开始研究与编撰新文本。这个决定虽为我带来了成倍的工作量和查阅量，但也让我对古人作诗成文的讲究有了更深的了解，并为自己今后教学提供了新的指引。”

熊萍芬多年任教低年级国学，负责修订《千字文》《三字经》。在编写过程中，她发现很多版本的《三字经》都是不分段的，仿佛要学生一口气读到文尾，这显然不符合儿童学习特点。于是，她依照文意分段，每四小句为一行，把内容联系紧密的两行或三行作为一段，语句翻译也是分段呈现。如，四时四方、五行五常、六谷六畜、七情八音等各成一段，这种创新性的分段呈现为教师的教和学生的学提供了非常好的指引。她在文句翻译上也做了很多探索，她说：“当我开始进行教材的编写和修订时，才发现自己虽然教过几轮《千字文》《三字经》，但对文本仍然不能做到句句熟悉，尤其是文意。对于不符合低年段学生特点的翻译，我对句子进行‘今译’。例如，《千字文》中有一句‘川流不息，渊澄取映’，参考书上的解释是‘像河水一样奔流不息，像潭水一样清澈照人’，我觉得这种生硬的解释没有主语、没有联系上下文，学生读了解释也不能明白原句的意思，于是就将译文改为‘美好的品德就像河水一样持之以恒地奔流不息，像潭水一样清澈照人’，这样既尊崇原文，又把省略的话语讲清楚，学生读起来才觉得文通句顺。参与《少儿国学读本》的编写与修订，不仅提高了我对儒家蒙学名篇的熟悉度，更重要的是我对低年级国学教育又有了新的认识，有利于更好地驾驭国学课堂。”

### （四）探索课堂模式

每天的10分钟诵读活动看似简单，但要读出效果且要长期组织，教师们有压力、有负担。郑千一老师问我：“你拿什么奖励实验教师？”我如实地说：“每月补贴20元。”郑老师笑叹：“千古伤心文化人，两个面包打发人。”我知道，其实教师们不在乎这个补贴，他们更看重孩子们的进步、自己的进步。中华儿女的血脉里，向来都涌流着为民族尽忠心、为事业献身心的热忱，这就是教师们心头最宝贵的火花。我对实验教师除了培训就是鼓励，从不质疑他们的探索与创新，所以，国学教师各自争鸣，百花齐放。

每周一节的40分钟国学课怎么上？这成为我校这十几年来国学教育实验的研究重点。我带领经典导读小组走南闯北地“取经”，到杭州拱宸桥小学听王崧舟老师的讲座和课例，到北京听徐健顺老师的讲座与示范，先后邀请全国特级教师陈琴、朱红甫、张赛琴、汪秀梅等到学校给教师上国学示范课。学习、观摩、实践让我们对国学课堂的特点认识得越来越清晰，于是聚焦“建模”，即构建国学课堂教学模式，以便国学教师更好地驾驭课堂，达成教学目标。全校开展“国学课堂大练兵”，要求所有国学教师参加国学赛课，上百节国学课例的交流、展示后，终于形成“三环七步”国学课堂教学模式。

“建模用模”的过程就是教师参训、成长的过程。有了课堂模式，国学教研活动很有成效，观课、评课的针对性很强，几年下来，所有教师“用模”自如，即使是新入职的教师，观摩几节课例，自己多次琢磨、尝试后，也基本能达成教学目标；骨干教师则不满足于“用模”，大胆“变模”，把“七步”中“回顾、展示、熟读、悟意、博引、导行、成诵”等步骤或合并，或详略有别地处理，形成自己的教学风格。兰润花老师把《论语》中关于学习、交友、君子、修身等主题的句子归类，上了《论语》的系列课例，“学习之道”“交友之道”“君子之道”“修身之道”……课课都在“悟意、博引”环节大胆创新，引导得当。教师们赞兰老师的国学课是“兰美人风格”，听她的课就是一种享受。熊萍芬老师把“三百千弟”的内容上过几轮。每一节课都有她“活泼且扎实”的风格，成为低年级教师模仿、借鉴的典型课例。

兰润花老师对国学课堂教学有一种深厚的情怀，多年扎根课堂，不断探索，善于创新，在国学课堂上充满自信与热情。她在全区的经典教育经验分享中说：“依然还记得刚开始上国学课的情景，由于国学内容都是相当拗口、相当晦涩的文言文，我在讲台上讲得口干舌燥，学生听得昏昏欲睡，课堂气氛沉闷不已。为改变现状，我把课堂定位为诵读课，以‘书读百遍，其义自见’为理念，尽可能让学生在诵读中理解。国学不同于其他学科，我一直努力探索古诗古文的教学模式，与学校国学团队共同创建了‘三环七步’国学课堂教学模式，并熟练运用。我的课堂不是完全‘素读’，而是根据内容深浅适当理解意思，不要求他们字字明意，句句通晓，只求心领神会，知道大意。我尝试运用各种新颖的教学手段来点拨、引导学生悟意，如‘诗中有画我来配’‘名人故事我乐说’‘小故事大道理’等。此外，我还通过活动来串联整个课堂。上课开始，先温习诵读朗朗上口的名言古诗，课中尽可能地寻找合适的教学媒体活跃课堂气氛。例如，用著名歌手王菲的歌曲《明月几时有》让学生诵读苏轼的《水调歌头》；用邓丽君的《在水一方》让学生理解《诗经》中的名篇《蒹葭》；用于丹论《论语》来让学生感悟孔子的智慧；用视频故事来让学生理解《声律启蒙》中的典故……这些丰富多彩的活动不但让学生学到了知识，还陶冶了情操，更让学生认识到，国学原来这样美。”

李顺霞老师5年前来到五山小学，对国学课堂的“三环七步”教学模式很陌生，但她通过不断“看模”（听国学课例）、“用模”（移植课例），现在已能“变模”（在教学中有自己的创新）。她的体会：2018年3月，我执教国学公开课《千字文》，我选取了开篇的9句话作为教学内容。这几句话不仅描述了宇宙诞生的情景，还描述了日月星辰、气象物候、自然资源，呈现了祖国地大物博、物产丰富的绚彩画卷。学生已经初步会读《千字文》，我把重心落在难字启蒙以及感悟大意上。我引导孩子们攻克“昃”“阙”“柰”等难字关后，再借助注释、图片、故事等让学生感悟词句的大意，穿插“昃”的甲骨文、“巨阙剑”的视频、“夜明珠”图片等，激发了学生的学习兴趣。要上好一节国学公开课真的很难，不仅仅是跟着“三环七步”国学课堂教学模式走就完事了，还要根据学生课堂反馈进行引导，所以我必须熟悉文本。我不能只满足于教材上的注释，为了挖掘文本内涵，我挑灯夜战翻阅资料好多天。但当我站上讲台，面对一张张朝气蓬勃的笑脸、一双双求知若渴的明眸时，我释然了，一切都是值得的，我相信我在孩子们心中种下的国学种子，将来会长成参天大树，为孩子们提供福荫，滋养他们一生。

2020年3月，在新冠肺炎疫情防控期间，我校国学教师为居家学习的孩子录制了“子衿课堂”——国学微课。第一季推出“走进《论语》”系列微课8节，主题分别是学习之道、交友之道、诚信之道、惜时之道、孝亲之道。微课精选《论语》中的经典名句进行深入讲解，10分钟不到的一节课，教学形式与手段却是多样、生动的，通过师生同读、说文解字、典故悟意、视频拓展、师生问答等形式，让学生将读、思、悟、用结合。每一节课都精准把握古文原意，贴近儿童生活实际，深度融合信息技术。课课都很精彩，深受学生和家长欢迎。自2020年4月30日开始，我校的“走进《论语》”系列微课正式在云课平台(https://www.yunke.com)免费播出，为五山学子以及更多的国学爱好者提供了学习、交流国学的资源。

### （五）建立学术团队

广州市天河区有很多学校都在开展经典教育实验，各有特点。为了推动实验进程和加快教师队伍建设，我校联合石牌小学、汇景实验学校，建立校际研究团队。三校联合创建的“新课程背景下强化经典文化教育研究团队”于2009年被立项为“首批广州市教育系统创新学术团队”，成为第一批25个团队中唯一的小学团队。团队本着“资源共享、优势互补、合作共赢”的理念系统地研究如何培养国学教育创新人才，引领、带动教师队伍的整体提升。

团队以学校为单位，从教材研发、教法探讨、学法指导、评价体系等方面分工，各有侧重地开展研究，定期交流、分享研究成果。团队中的成员则根据自己所长分担研究任务。活动的开展使团队成员认识到，一个人能力再大，也不可能做完所有工作；一个人能力再有限，在团队中也能发挥长处，推进工作顺利完成。所以，教师们依赖团队，服务团队，实现了个人与团队的双赢。[①]

付凌亚老师是团队主要成员，在五山小学工作十几年，是国学课程建设的引领者。她以一首四句的五言诗为标题，描述自己在团队中的成长。

### 不忘初心　方得始终——参与国学教育实验十五年随感

付凌亚

我是国学教育研究团队中的一员。国学教育，所求为何？概括起来大概有三个层次：一为培养孩子端正的心性及行为，树立远大的志向，积累厚重的德行；二是因为古文、诗歌、散文等作品中有许多优美的章句、振聋发聩的哲理，希望学生们可以接触了解，爱上传统文化的文字之美，享受古代先贤的精神之乐；三是秉承这些远大、美好、平常的心愿，让我们的职业生涯更加饱满丰富。

**历历来时路**：我偏爱古诗词。初始，便和学生们一起读浪漫的李白、豁达的苏轼，谈论李清照的词中生活，遥想辛弃疾的诗剑人生。翻阅各方资料，上课随心所欲，有热血沸腾的简单快乐。加入国学教育研究团队后，各人分工明确，预期成果就是目标，就是压力，更是国学课程严谨化的“监工”。我和大家反省前期的工作，觉得必须梳理已有经验与材料，形成自己的成果。首先，我们根据教学实践编了一套教材。几十个工作日的皓首穷经、案牍劳形，使这套教材得到暨南大学出版社的认可，出版了一套《少儿国学读本》。其次，制定了有章可循的考核学生的制度，涌现出一大批背经典的“牛娃”。最后，将国学与美术、音乐等学科相融合，创建了很多展示平台，让孩子们以书法、绘画、舞蹈、歌唱等方式学习国

① 许凤英，付凌亚：《在团队建设中提升个人价值》，《广东教育》2012年第11期。

学、颂扬国学。

**青山隔云雾：** 作为“国学教师”，课堂才是自己的阵地。国学课怎么上？用什么形式上？这些困扰我们多年的问题一直没得到纾解。我们不断出去学习，领教名师风采——窦桂梅的深情款款、王崧舟的娓娓道来、薛法根的循循善诱……这些都让大家高山仰止，自愧不如。有一段时间“吟诵”突然盛行起来。一群吟诵“发烧友”组成各个吟诵团体，听到他们或如乡间咏叹调或如带颤音的方言小曲的演绎，我战栗了。这怎么学呢？

别人的研究成果都如高山流水，我们却无所适从。只有关起门来，反复磨炼自己的国学课堂。采集体之所长，我们创定了一套自己的国学课堂教学模式——“三环七步”教学法，终于也可以按照模式拿出课例了。兰老师的《论语》系列，熊老师的《三字经》《千字文》系列，都上出了大家之风。当然，我们也清楚，墨守成规并不是常法，根据不同的课型、学情、内容，上出自己的风格并有所突破、有所得才是王道。

**香冷花未开：** 教育最终要看教出了什么样的学生。没有确切的数据告诉我们国学教育到底怎样才算适时、有效。询问过毕业后踏入社会的学生，无不肯定国学教育的功劳。在调查中，有一名学生引起了我的注意，这是一名高中就读于某老牌名校的学生，成绩十分优异，在选填高考志愿时，打算弃理从文。因为他自小在我校就读，在古诗古文的耳濡目染之下，对经典文化特别感兴趣，想去报考清华大学人文科学实验班。这个赤诚的孩子让我心有所悟，国学教育不是分数、不是荣誉，在经世致用的现实中，它是信念、是理想。我相信经受国学教育洗礼的孩子会多一份对人生的探索、对真善美的追求。

**初心一如故：** 在追求、反思、怀疑、喧嚣后，如今对待国学教育，我的心态比较平和。可以又拿起书本，看我少年时代喜欢的诗词。不再为了与众不同，囫囵吞枣地背诗炫耀；不再为了显示自己有才，大放厥词。对于我而言，认认真真读书、神闲气静思考、踏踏实实做人，才是生活的真谛。我希望我的学生也如此，圣贤书教给我们的也许就是保持初心。

2011年1月7日，我们的国学教育研究团队受中国少先队事业发展中心邀请，到北京参加“红领巾国学传承教育系列活动启动暨东方少年国学院成立仪式”。我在大会上介绍了学校10年来开展国学教育的经验，全国少工委副主任李文革高度赞扬五山小学国学教育工作成效。我校编写的《少儿国学读本》作为“红领巾国学传承教育系列活动指定用书”在大会上被赠送给少先队员代表。五山小学成为全国首批“红领巾国学传承教育系列活动示范基地暨东方少年国学院”并被授牌。

团队建设的3年间，五山小学、石牌小学、汇景实验学校都成为天河区德育基地、天河区校本培训基地，汇景实验学校、五山小学被评为广东省书香校园。团队成员成长迅速，其中，具有高级职称的教师增加2人，具有硕士学位的教师增加4人，获市级以上表彰的有23人次，获区级表彰的有25人次，此外，1人成为广州市名校长，4人成为特级教师工作室培养对象。团队成员经常承担各级国学示范课、分享教学经验，撰写的关于国学教学模式、国学课程开发、教师团队建设等相关论文10多篇，分别发表在《中小学管理》《中国德育》《广东教育》等杂志上，在区内外发挥着示范引领作用。

2013年7月，“新课程背景下强化经典文化教育研究团队”顺利通过广州市教育局科研处和广州市教育科学研究所的验收，被评定为“优秀”等级，由广州市教育局授予“首批广州市教育系统创新学术团队”称号。

## （六）交流促进提升

我校的国学教育特色日益彰显，研究成果在香港特区、台湾地区、北京、海南、四川等地交流，承办了全国红领巾国学传承教育系列活动、全国传统文化进课堂教学研讨会、第十届穗台校长论坛、第五届海峡两岸中华文化特色课观摩研讨会等大型学术交流活动，接待了来自全国各地几十个教育团体的参观交流，国学骨干教师应邀到省内外10多所学校上示范课。这些交流活动使教师开阔了视野、锻炼了能力。

2011年4月25—29日，中国少先队事业发展中心在江苏省溧阳市举办“红领巾国学传承教育系列活动首期辅导员专题培训班”，我校熊萍芬老师受邀为与会教师执教了国学示范课《走进〈三字经〉之勤学篇》；同年11月10日，在中国少先队事业发展中心的组织下，五山小学接待了参加2011年“红领巾国学传承教育系列活动”辅导员研讨会的来自新疆、黑龙江等全国各地的近百名领导和教师，贺立群、兰润花、李淑君3位教师分别向来宾展示了低、中、高年级的国学示范课。来自黑龙江的一位校长听完我的汇报后说：“许校长，您的报告《少儿国学教育势在必行》说得太好了！这个‘行’既是你们的真实行动，也说明你们的探索是可行的，非常值得我们学习。”

2012年12月，我到台湾参加“第八届穗台校长论坛”并做了关于国学课程建设的专题发言，激起与会代表的极大兴趣。台湾 “乐龄会”的讲师费陪弟听了我的发言，连连称赞我校的国学教育工作，并一再追着我要实验资料、教材。我将我校的《少儿国学读本》和一些实验材料邮寄给她在北京的亲戚，再转寄给她。台湾桃园市内栅小学桂景星校长多次与我探讨国学教育，与我保持联系至今。与台湾教育同仁交流后，我们才发现台湾同胞身上表现出来的传统文化底蕴是很深厚的。他们讲话时保留了传统语言中“讲究场合”的优点，见面时的问候、提问时的客气、回答时的谦虚、争论时的委婉、开会时交谈与用餐时沟通的不同风格，让人感觉到谦谦君子的温润。2014年7月25日，我校承办了“第十届穗台校长论坛”分论坛，台湾的十几位校长、教授在我校观摩了国学课堂、听了我的专题汇报后，黄德祥博士称赞：“没想到经典的教学在大陆尤其在五山小学，这么深入，这么精彩！”

2015年10月29日，我带领4位教师走进乌鲁木齐第91小学，与祖国大西北的同行们深入交流国学教育的经验和体会，分享国学教育的快乐和成果。乌鲁木齐经济技术开发区（头屯河区）教研室教研员以及区属各学校教师，吐鲁番市高昌区第一小学、阿克苏地区新和县第二小学的部分教师参加了此次交流。我校熊萍芬、何志清老师分别为第91小学执教了一节国学课、一节音乐课。熊老师的国学课《笠翁对韵》生动活泼，带着新疆小朋友拍手读对子、伴音乐唱对子，激发了学生对对联的兴趣。何老师的音乐课《悯农》既培养了孩子的音乐素养，又让孩子们对诗词有了特别的感受。第91小学是民汉双语学校，班上有汉族、维吾尔族孩子，他们对传统文化的兴趣却是一样的，学习“牛女二星河左右”这句话时，汉族、维吾尔族小朋友把牛郎织女的故事讲得头头是道。整节课上，师生的互动欢快流畅，孩子们都不舍得下课了。

2016年3月24日，我们受邀走进海南省东方市进行“国学送教”活动，东方市港务中学和感城中心学校的近100位教师参加了此次活动。熊萍芬老师执教三年级的《笠翁对韵》，兰润花老师执教六年级的《走进〈论语〉》，两节课被当地教师赞为具备了专家水准的课。海南的春天气温变化很大，若遇下雨，两三天时间就让人仿佛经历了四季。我们第三天到感城中心学校上一节国学示范课，空中飘着细雨，天气阴冷，可孩子们却热情洋溢地跟着教师诵读“学而时习之”“学而不思则罔，思而不学则殆”。两位教师上完课说，虽然学生的课外知识不丰富，有点腼腆，但学习专注力很高，诵读经典的热情很高。中午吃饭时，一位穿雨鞋、着迷彩服的人走过来与我握手。东方市港务中学王干校长介绍，与我握手之人是村小教学点陀烈小学唐武校长，并指着桌上的猪肉说，这“五脚猪”是唐校长一大早冒雨在山上抓的。“五脚猪”是家猪与野猪杂交的品种，嘴又长又细，总是触着嗅着地面，犹如第五只脚，“五脚猪”放养在山上，穿梭于芒果树林中，肉味鲜美，只用来招待贵宾。我们连连致谢：“吃到‘五脚猪’已属不易，还是校长亲自在满是泥泞的山上抓的，更难得了。”唐校长憨笑着说：“你们把最好的教育带给我们的孩子，我们当然应该用最好的礼仪回报你们。”这种朴实和真诚令人感动，我们从此定期去指导，并赠送了一些国学书籍。

2017年4月18—21日，四川省隆昌市教育局给我们发出邀请，希望我们对当地国学教育工作进行指导，我带领4位教师走进隆昌。我和罗碧湖主任为当地中小学校长、骨干教师举办了两场讲座，兰润花老师和熊萍芬老师为隆昌市语文骨干教师执教了两节国学示范课。校长和教师们的学习积极性很高，400多人的大会场座无虚席，很多教师提前一个多小时去占座位，过道上都是加座，还有很多教师在各个分会场收看视频直播。隆昌市教育局局长余自忠全程参与培训，对全市教育进行科学规划、精准指导，隆昌掀起国学教育的热潮，有6000多名学生使用我校研发的《少儿国学读本》。

2017年11月26—28日，第七届全国传统文化进课堂教学研讨会暨"十二五"教育部规划课题"传统文化与中小学生人格培养研究"结题大会在广州市天河区举行，我校作为分会场承担了经典教育课堂教学展示及评比任务，来自全国各地的7位优秀国学教师同台竞技，来自广东、河北、内蒙古、青海等地近200名教师参加了课堂教学观摩活动。我校李淑君老师的课例以"三环七步"国学课堂教学模式引领学生走进《论语》，走近君子，结合古代圣贤和身边的榜样让孩子深刻领悟君子安贫乐道的精神，获大会评比的一等奖。

广东省云浮市教育局两次邀请我校国学教育研究团队到云浮市开展国学教育培训。教育局领导带头参训，全市中小学校长和骨干教师全面参训，组织专家编写国学地方教材，全市所有学校都是实验学校，云浮成为全省第一个以行政手段推动学校开展国学教育的地级市。

2019年，我校国学骨干教师兰润花到梅州山区支教1年，她的到来使梅州市平远县河头镇河头中心小学发生了巨大变化，充满智慧的古文、精美秾丽的诗词走进山区孩子的课堂。我们给该校一年级学生赠送了《少儿国学读本》，"勤有功，戏无益。戒之哉，宜勉力……"琅琅的读书声从班级扩展到整个年级，在连绵的群山中回荡，为山区增添了几分灵动与生机。兰老师的到来让这些缺少父母关爱的留守儿童也能读到最有价值的永恒之书。

我校用国学教育帮扶山区学校的模式还辐射到贵州省毕节市纳雍县曙光镇中心小学、大方县六龙实验小学，以及广州市增城区正果中心小学，这也将成为我校国学教育研究团队今后深耕的一个领域。这种帮扶也许能为缩小城乡教育差距尽一点力量。

## 二、风行草偃

《论语·颜渊》里孔子说过一句话："君子之德风，小人之德草。草上之风，必偃。"后来这句话演化为一个成语，叫"风行草偃"，意思是道德文教能感化人。与学生同读同诵，引领学生徜徉在优秀传统文化中的教师更是受益者，不仅加深了自己的国学底蕴，提高了教学能力，而且看待学生、看待自己、看待生活，都多了一分理性与良善。

### （一）重新认识儿童学习经典的能力

成人习惯用自己的眼光衡量孩子的学习能力，殊不知，我们常常低估儿童的学习潜力。

我一直担任六年级的品德课程教学，经常将国学经典内容融汇到教材中，引导学生用《论语》《道德经》中关于与人相处、与自然相处的名句名段论述现在的社会现象，学生的考卷中经常呈现许多精彩解答。

2012学年第一学期品德与社会学科期末考试的最后一道题："假如你是人大代表，请对你现今最关注的社会、民生、科技、文化、经济、学习等问题谈谈自己的看法。"六年级学生卓曜龙这样写道："房价高，宜减免开发人的税收，降低房价。多个国家可以建立科学研究所，分享科学技术，取长补短，加快科技发展。乱摆乱卖的小贩太多，是因无须交店租，可建立无租金贩卖所，可美化国容、国体。学生可适当减轻学习负担，作业可在校完成，回家后自行巩固知识。最终，承老子之思想，施无为之治，则国之安也，民之乐也。"这位学生的答案是其真实原创，它已经不是一个简单的感想，简直就是一份小小的治国方略！

2015年，一道考题是让学生“举例谈国学课程对自己的影响”。洪晞同学写道：“我最喜欢老子说的‘上善若水’，人就应像水一样低调奉献着，甘心处于低处。正如大海一般，为什么大海得以纳百川？不仅是因为它宽广，更是因为它甘愿处于低处，接纳四面奔腾而下的江河。”他不仅看到大海有人们常说的宽广，还看到它甘居低处，再由海及人，提出人不仅要胸怀宽广，还要低调谦卑。潘柄臻同学写道：“仁善便是水，水善于给予万物好处而不求回报，而且会往低的地方流淌，净化掉污浊，这便是道德。这句话教导我要做一个‘近朱者赤’的人，还要做一个‘近墨者以净墨者’的人。”

我把学生的试卷拿给我的老师郭齐家先生看。郭齐家先生说：“大道至简，大道是朴素的，贴近生活，贴近自然。儿童心灵纯净，少受污染，所以更接近自然，也更易悟得大道。他们这么小就领悟得这么深刻、独特，将来的潜力很大。”

我校国学教师对儿童学习经典的能力的认识基本都经历了从担心、怀疑到惊讶、赞叹、欣慰的过程，亲身体会到了什么叫“后生可畏”。

李淑君老师说：“今天的孩子，他们生活在一个最好的年代，拥有着社会、学校、家庭全面的关爱，有对于爱的天生的感受力，也拥有着关爱他人的力量，只是需要我们去点拨他们如何‘仁’、如何‘爱’，提供更多释放爱的平台和机会。幸甚至哉，如果不是这股国学教育的劲风吹来，我也许仍躺在经验的温床上，与考试死磕，昏昏然地过着一天又一天。与国学教育的遇见，是我的福气。我带着孩子们读那些千秋万载的经典之作，他们就这样几乎没压力、没负担地记诵了一章又一章、一篇又一篇，‘唯仁者能好人，能恶人。’‘知者乐水，仁者乐山；知者动，仁者静；知者乐，仁者寿。’‘凡是人，皆须爱。天同覆，地同载。’他们的吸收能力、消化能力给了我更足的动力，每天在孩子们心田播下‘仁’与‘爱’的种子及对人生价值的思考，憧憬着他们茁壮成长后那蓬勃的生机和活力，教育的美丽芬芳一定是浓淡相宜、悠远绵长的！”

入职一年的杨诗韵老师最初对小学国学教育不太了解，担心国学书上晦涩难懂的内容为难小学生。听了熊萍芬老师的“笠翁对韵”，她感到新奇而激动。熊老师将音乐与节拍融入教学，使韵文读起来犹如唱歌一般好听，用图文对照的方式让学生理解记忆韵文，用对仗工整的诗句讲解对联的特点。生动的课堂不仅吸引了孩子，也让她着迷，更让她相信，儿童完全有能力体悟经典中的趣与美。她说：“之前，我一直认为现在的孩子应该和以前‘应试教育’下的自己一样，机械、死板地学习，只要把一大堆知识记入脑海就完成了任务，但实际并非如此。孩子们在国学课堂上的那股灵气在其他场合也能看到。有一回，我表扬每次听写都全对的孩子，鼓励其他孩子向优秀的同学看齐，孩子们不约而同地说‘见人善，即思齐’。哦，孩子们的表达胜过我的简单表达！孩子们对国学并非‘应试教育’般记入脑袋，而是出自内心的热衷和喜爱。那次丰华园秋游，一到目的地，我本以为孩子们会不假思索地奔向景区，随之喧哗一片难以管理。谁知，当我转向身后看看那班‘小调皮’们有没有捣乱时，孩子们竟然排起了整齐的队伍，不约而同地背起了‘大学之道，在明明德，在亲民，在止于至善……’他们的这份喜爱正如哼儿歌的那股劲，那么单纯、美好。国学对孩子们来说并不是一块‘难啃的硬骨头’，而是一杯养心养智的好茶！记得大学时院长对我讲过的一番话，‘中国历史上没有哪一个成功人士是不懂经典的’。确实，现在的孩子生活在这个‘快餐式’、追求速度并充斥着多元文化的时代，更需要国学来陪伴成长，更应该接受高智慧的经典的熏陶，学文习礼，修身养性，与圣贤为伍！”

李维老师在总结中写道：我原来是一位中学语文教师，调到五山小学后，惊讶于这里的校本教材——《少儿国学读本》竟然包含大量的诗词古文，例如，《千字文》《论语》《道德经》，还有数量众多的古诗、名言，几十篇文言文的篇幅量甚至超过了初中3年学习的容量。一开始我怀疑这样多的数量、这样深的程度，初中生都难以消化，于小学生而言不是更晦涩难懂吗？可事实是，这些小学生真的能通过日复一日的诵读，积累句句文言、首首诗词，我对学生有了更多信心与期待。

### （二）再度审视教师自身的发展潜力

这10余年的探索使我欣喜地看到，在校本课程的建设中，我校教师由单一的课程执行者和知识传授者转变为课程的设计者、开发者、研究者、管理者。教师们参与课程开发，主动追求、积极探索的工作热情高涨，自信心增强，教师队伍的专业素养整体提高，国学科组被评为“广州市学习型组织标兵班组”。2015年，这支勇于探索的教师队伍，站到了“广州好教育·你我同创享”系列活动总决赛的舞台上。我们用美文朗诵的方式呈现古诗文隽永的遣词、丰富的内涵，展示了具有儒雅气质的新时代教师形象。最后，我们在百所学校的角逐中以总分第三的优异成绩获得广州市团体奖！

这支队伍以“携手并进，共享专业成长的幸福”这一显著特点，被广州市教育局授予“广州市教师幸福团队”称号。

“携手并进，共享专业成长的幸福”是国学课程建设者的共同姿态，全体教师因为有了国学课程而增加了很多学习和历练机会，并最大限度地开发了自己的潜力。

陈婉玲老师成长为国学课程骨干，她把每次的课例交流作为自己深刻反思与再学习、再提高的契机。她在国学论文中写道：我领着四年级学生为河南省新乡市的骨干校长们展示了一堂讲《劝学》的国学课，我以甲骨文“学”字导入，引出与学习有关的名言，再借此与学生走进荀子生平，从而进入《劝学》的学习。我紧扣学校独创的“三环七步”国学课堂教学模式，既有形式多样的诵读，又用图文结合辅导悟意，用有趣生动的视频体会情感。这一次观摩课给了我继续探索国学教育之道的勇气，同时孩子们课堂上的提问“‘积善成德，而神明自得，圣心备焉’是什么意思”也引起我的反思，我当时解释得很生硬，感觉自己的国学储备跟不上孩子们的发展，必须阅读更多经典著作，聆听更多名师的国学课。我还通过“喜马拉雅”等平台听国学史诗点评，使自己的根基能够稳固。后来，我又执教《狐假虎威》。在引入环节，从与小动物打招呼，到分享动物成语，孩子们跃跃欲试，学习氛围浓厚。在熟读与感悟环节，我用一幅幅生动的图片引着孩子们用文白对照的方法走进故事，再以小组为单位，借助旁白、补白和对话的形式，演说故事。孩子们那摇头晃脑的模样、奶声奶气的演读，配以恰到好处的表情，仿佛让大家看到一只狡猾嚣张的狐狸说“子无敢食我也”时的场景，看到了一只蒙在鼓里的老虎“虎以为然，故遂而与之行……”所有对话，我都让孩子们尽量引用原文，几个小组经过说与演，把小古文中的句子变成了台词，台词的表达就是文句的诵读，表演完了，整篇原本拗口的古文竟被孩子们一字不漏地背下来，赢得现场一波又一波的掌声。我也惊喜于自己在课堂中即兴而有效的指导，并有了与孩子们共同成长的幸福感。

黄莹秋老师任教六年级国学课，挑选《道德经》部分章节带学生精读细讲。《道德经》是全文选入《少儿国学读本》的，黄老师开始觉得教学生学习《道德经》难度很大，几次挑战后，她可以很自信地站在讲台上与孩子们侃侃而谈“上善若水”“宠辱若惊”“滴水穿石”“虚怀若谷”“为而不争”等章节了。她对第一次承担对外交流课印象深刻：2016年4月，河北省的一些领导和教师远道而来，学校让我给来宾上一节国学示范课。我选取了《道德经》第八章作为教学内容。我运用“三环七步”国学课堂教学模式，引导孩子在熟读句段的基础上，借助视频和生活故事，了解“水利万物而不争”的特性，学习水默默奉献、不求回报的品性。上国学公开课比上语文公开课挑战更大，语文课有很多名家的经验可以学习，而国学课基本上没有可以借鉴学习的资料，一切都只能靠自己摸索。从选定内容、设定目标到精心准备的每一个环节，都要费心琢磨。这节课上完，人就像被重新“打磨”了一番。有了这次经历后，我又用类似的方法执教《道德经》其他章节的内容，觉得自己越来越从容淡定了。

“携手并进，共享专业成长的幸福”还表现为这支队伍有共同的认识、共同的追求，这样团队才能够十几年坚持不懈地在孩子心田播撒国学经典的种子，为孩子一生的发展奠定良好基础。学生许楚林的家长说：“五山小学的每个孩子都有一份特别的礼物，那就是每天沐浴在国学的氛围中。学了国学的孩子知书识礼，自信磊落，这是古人留给孩子的礼物，更是五山小学辛勤园丁送给孩子的珍宝！”

“教师之道，为而不争”，我们孜孜矻矻所做的一切，都是为了孩子们的明天！他们的明天就是我们坚持的动力，月月年年，福及每一个孩子。只有“不争”，才能坚守。只有坚守，才能与孩子们共同收获人文底蕴日渐深厚的甜蜜。

# 展望篇

## 道阻且长，行则将至

国学大家辜鸿铭曾经说过，评估一种文明的价值，要看这种文明能够培养出什么样的人。从古至今，中国传统文化孕育了一批批优秀的中华儿女。近代，中华传统文化虽然受到外来文化、各种思潮的冲击，但她能够自我调适，迸发新的生命力。全球越来越多的汉语学习者、林立于100多个国家的500多所孔子学院……无不印证中华传统文化的独特魅力。

文化需要一代又一代人的传承与发展，而一代又一代人的成长更离不开文化的滋养。王财贵先生说，中国文化讲的是我们的良知和人性，是永恒的。要发扬这永恒的文化，不仅是为了民族和祖先，也是为了我们自己。要把发扬中国文化作为自己的责任，它不是负担，而是自己发自内心喜欢的志业。如果这样，你就是个有德者，你就越容易发现中国文化的伟大！①

这20年来，我就怀抱这样的理想带领着团队走国学教育之路。无论面对实验初期的备受争议，还是中期的瓶颈与困扰，我们都从未退缩。我们遵循儿童年龄特点和教育规律，精心研究内容与方法，把文言文、古诗词引进课堂，让儿童日日“浸习”、全方位“浸习”，用先哲圣贤的思想润泽童心，用精致优雅的语言涵养气质。

儿童的变化让人喜不自禁。那个叫郑沛杨的孩子说“古文很简练，比现在的长篇大论厉害多了”，这是多么纯真而精辟的评价！那个说喜欢“操千曲而后晓声”的梁智诚同学，悟到了练好吉他的秘密！那个要做“近墨者以净墨者”的潘柄臻同学，分明已有“达则兼济天下”的胸怀！这些每天与千秋佳作打交道的孩子，小小的个头，稚嫩的脸庞，却出口成文章，下笔写锦绣，心中有家国。我仿佛看到一个个生动活泼的少年君子变成一个个顶天立地的正人君子。

在纷繁多变的世界，我们引导孩子追逐什么、坚持什么，是需要智慧与定力的。我的老师郭齐家教授在我校纪念孔子诞辰的庆典上说：“无欲速，无见小利。欲速则不达，见小利则大事不成。五山小学的老师们不畏劳苦，不计名利，用‘十年磨一剑’的精神，把中华优秀传统文化送到每一个儿童的心坎里，你们的学生将来一定能成大器。”我们开展国学教育，不敢奢望把孩子们都培养成学术大家，但童年的经典诵读在他们人生发展的重要阶段，一定会给他们光辉的启示！

---

① 王财贵：《读经二十年》，中华书局，2014。

五山小学这么多年来的经典诵读实践，更多的其实是一种教育的理性回归，就是把一种长期存在的隐性的国学教育影响逐步显性化。也许一所学校不能对社会产生多大影响，但“庙小乾坤大，天高日月长”，我们要有陶行知先生说的那种“小学校的大气魄”。可喜的是，现在已经有很多学校、很多教师在行动。习近平总书记指出：“一个国家、一个民族的强盛，总是以文化兴盛为支撑的，中华民族伟大复兴需要以中华文化发展繁荣为条件。”我们作为培养祖国未来接班人的人民教师，务必对国学教育有敬意，有信心，不骄不忧，目光长远，紧扣立德树人要求，引领广大少年儿童“更好地熟悉诗词歌赋、亲近中华经典，更加广泛深入地领悟中华思想理念、传承中华传统美德、弘扬中华人文精神”[①]。

“青青子衿，悠悠我心。尚善求真，博古通今……”耳畔响起我们的校歌《子衿谣》，眼前则浮现“却顾所来径，苍苍横翠微”的喜人景象，那是我们的学生在舒展自己蓬勃的“枝叶”，郁郁葱葱，生机盎然。国学教育之路，从来就不是坦途，然而，“道阻且长，行则将至”。我不惧怕，不彷徨，用我深爱的祖国优秀传统文化去培育我深爱的孩子们，功德无量，幸福无限。

① 中华人民共和国教育部，国家语言文字工作委员会：《中华经典诵读工程实施方案（教语用〔2018〕3号）》，2018年9月25日。http://www.gov.cn/xinwen/2018-09/30/content_5326973.htm. 访问日期：2020年4月20日。